EL CONTRATO DE COLABORACIÓN ENTRE EL SECTOR PÚBLICO Y EL SECTOR PRIVADO: UNA PERSPECTIVA JURÍDICA, POLITOLÓGICA Y EMOCIONAL.

Borja Colón de Carvajal Fibla.

Primera Edición, mayo de 2010.

ISBN: 978-84-9916-810-4

Depósito Legal: M-26617-2010

Bubok Publishing, S.L.

Valencia, España.

Emprendo este viaje con la mirada puesta en un nombre, Diego; y con la comprensión que cada día me regala una mujer, Sandra. Pero sobre todo, empiezo una historia a la que quiero titular con un lema que siempre me ha acompañado y del que nunca me desprenderé. Una consigna bíblica que escogió el impresor del Quijote para adornar su escudo de armas y que yo descubrí durante mi primera y única lectura de una obra tan monumental.

"Spero Lvcem Post Tenebras" (Job. 17, 12)
(Espero la luz después de las tinieblas)

ÍNDICE

Capítulo 1. El contrato de colaboración entre el sector público y el sector privado desde una perspectiva jurídica.

1. Introducción.- 15.
2. Origen, características y naturaleza del CPP.- 15.
3. El CPP y los demás contratos administrativos de base asociativa.- 24.
4. El CPP como el contrato del futuro.- 36.
5. Conclusiones.- 38.
6. Bibliografía.- 43.

Capítulo 2. El contrato de colaboración entre el sector público y el sector privado desde una perspectiva politológica.

1. Introducción.- 47.
2. La construcción de los estados-nación y de sus grandes infraestructuras.- 47.
   - ➢ El modelo weberiano de Administración Pública.- 47.

> La Ley de Contratos del estado de 1965.- 48.

3. Hacia la racionalización económica de las administarciones públicas.- 52.

> El *New Public Management*.- 52.

> El Texto Refundido de la Ley de Contratos de las Administraciones Públicas.- 56.

4. El impacto de los intereses privados en la forma de hacer de las administraciones públicas.- 58.

> La Gobernanza.- 58.

> La Ley de Contratos del Sector Público.- 60.

5. Conclusiones.- 64.
6. Bibliografía.- 67.

Capítulo 3: El contrato de colaboración entre el sector público y el sector privado desde una perspectiva emocional.

1. Introducción.- 70.
2. El impacto del CPP en la normativa contractual española.- 71.
3. Ventajas del CPP frente a los demás contratos administrativos típicos.- 77.

4. El efecto *bandwagon* como principal enemigo del CPP.- 80.

5. Conclusiones.- 85.

6. Bibliografía.- 88.

PRÓLOGO

Recuerdo perfectamente cuando siendo niño, durante una excursión con el colegio, en una de esas iniciativas que pretendían concienciar a los pequeños sobre la importancia de la protección del medio ambiente, nos enseñaron a plantar un árbol. Cavé la tierra, la removí, le añadí una suerte de comida para plantas y, finalmente, lo planté. Era pequeño, sí, pero en definitiva era un árbol que probablemente hoy dé la suficiente sombra como para cobijar a un hombre.

Más de veinte años después y a punto de ser padre por primera vez, me planteo de nuevo un reto que colme mis expectativas personales, aunque suene un tanto pretencioso decirlo así, en lo que se consideró por el poeta cubano José Martí, la realización de un "hombre completo", plantando un árbol, teniendo un hijo y escribiendo un libro.

Ésta última es precisamente la empresa que ahora me propongo realizar, simplemente con la intención de plasmar en el papel lo que con tanta ilusión he creado, compartiendo con todo el mundo un buen puñado de ideas, de preocupaciones y de inquietudes, todas ellas, eso sí, orbitando en torno a un mismo tema, la contratación administrativa.

Me licencié cuando tocaba y pronto pude ponerme a preparar oposiciones, con la inmensa suerte, amén de tres años de esfuerzo, de aprobar una plaza como funcionario de carrera en cada una de las tres Administraciones territoriales que configuran actualmente España. Casi por casualidad, escogí la Administración Local para probar en lo que ahora se conoce ahora como "empleado público", o lo que es lo mismo, los funcionarios de toda la vida. La suerte me sonrió demasiado pronto, al ocupar como primer puesto en la Administración Pública uno bajo cuyas responsabilidades se encontraba, entre otras, la de contratar para mi Administración todo lo que se me pidiera. En definitiva, que recaí, como ya he dicho, en el puesto que, por razón de la materia, siempre me hubiera gustado ocupar, uno dedicado en cuerpo y alma a la contratación administrativa, la primera de mis grandes pasiones.

Con el tiempo he aprendido que uno nunca sabe lo suficiente de contratos, a pesar de haberme dedicado unos cuantos años a la formación de opositores en esa y otras materias, y haber participado en numerosas ocasiones como ponente en diferentes cursos sobre contratos, sobre todo y gracias al Instituto Nacional de Administraciones Públicas, organismo autónomo del Ministerio de la Presidencia encargado por entero a la selección y formación de empleados públicos.

Todo este bagaje profesional me ha enriquecido mucho, pero todavía lo ha hecho más el poder combinarlo con la segunda de mis grandes pasiones, la escritura. De tal forma que, llegado este punto, me siento realmente realizado al poder decir que mi trabajo me gusta, pero que todavía me gusta más el poder escribir sobre el mismo.

Mis primeras escaramuzas literarias consistieron en publicar artículos en revistas jurídicas especializadas, todos ellos relacionados, de una u otra forma, con la legislación española de contratos públicos. Sin embargo, no ha sido hasta ahora cuando me he planteado, de la mano de la tercera de mis grandes pasiones, las nuevas tecnologías, crear una obra de la que yo sea el único autor, el último responsable. Por eso he querido que esta ocasión fuera especial, haciéndome eco de esa inmensa proclama que dice que no existe una segunda oportunidad para causar una primera buena impresión.

La última de mis grandes pasiones, el triatlón, me ha enseñado que para enfrentarme solo a un desafío, y más allá de cualquier victoria posible, existen tres valores que están por encima de todos los demás: ilusión, respeto y sacrificio.

CAPÍTULO 1. EL CONTRATO DE COLABORACIÓN ENTRE EL SECTOR PÚBLICO Y EL SECTOR PRIVADO DESDE UNA PERSPECTIVA JURÍDICA.

I.- INTRODUCCIÓN.

Se ha escrito mucho entorno al contrato de colaboración entre el sector público y el sector privado o CPP desde su creación por el art. 11 de la Ley 30/2007, de 30 de octubre, de Contratos del Sector Público[1], pero ha habido pocos autores que han profundizado verdaderamente en, primero, su verdadera naturaleza como contrato administrativo típico; segundo, sobre sus relaciones con las demás fórmulas de colaboración previstas por la legislación española; y, tercero, su enorme potencial como el contrato del futuro. Veamos, pues, qué podemos aportar al respecto.

II.- ORIGEN, CARACTERÍSTICAS Y NATURALEZA DEL CPP.

A pesar de que a nivel comunitario no existe una regulación formal de los CPP en el marco de las Directivas comunitarias reguladoras de la materia[2], no son pocos los Estados Miembros que se han apresurado a positivizar una práctica ampliamente extendida, no solo en Europa, sino también en el resto del mundo a través de diferentes fórmulas asociativas, conocidas tradicionalmente como *Public Private Partnership*[3] (PPP)

---

[1] Algunos trabajos de referencia en materia de CPP son, entre otros, MÍGUEZ MACHO (2008), COLÓN DE CARVAJAL FIBLA (2009a) y BRUNETE DE LA LLAVE (2010).

[2] Concretamente las Directivas 2004/17/CE, de sectores excluidos y la Directiva 2004/18/CE, de coordinación de los procedimientos de contratación.

[3] *Partnership*, de forma general, se puede traducir por asociación. En el caso particular de la Economía y la empresa, partnership es una

o Asociaciones Público Privadas (APP). En esta línea se pronunció la propia Comisión Europa según la cual: "La expresión «colaboración público-privada» carece de definición en el ámbito comunitario. En general, se refiere a las diferentes formas de cooperación entre las autoridades públicas y el mundo empresarial, cuyo objetivo es garantizar la financiación, construcción, renovación, gestión o el mantenimiento de una infraestructura o la prestación de un servicio"[4].

Asimismo, según el propio Banco Europeo de Inversiones: "el término colaboración público privada se utiliza con frecuencia desde los años noventa; no obstante, no existe un modelo europeo único de CPP"[5]. En este sentido y aunque desde diferentes instancias europeas se han hecho esfuerzos por sensibilizar a los órganos decisorios de la UE sobre la necesidad de "que se defina con precisión el concepto de colaboración público-privada (como, por ejemplo, el significado exacto de términos como «CPP contractual» o «CPP institucionalizada») y se haga una posible distinción entre CPP al nivel europeo y CPP al nivel nacional e infranacional"[6] no existe hasta la fecha actual una definición institucional en toda regla que pueda servir de modelo a los diferentes Derechos internos de la Unión[7]. Únicamente, podrían apuntarse las cuatro características que sobre los CPP proporciona la propia Comisión Europea en el Libro Verde sobre la

---

organización comercial típica del mundo anglosajón; equivale parcialmente, en algunas ocasiones, a una sociedad colectiva, sociedad civil o a una comunidad de bienes. En cualquier caso, se debe tener presente la idea de colaboración entre los sectores público y privado implícita. En ocasiones se traduce por el neologismo partenariado, con el fin de intentar una traducción más próxima al término original.

[4] COMISIÓN EUROPEA (2004): Punto 1.1.1.
[5] COMITÉ ECONÓMICO Y SOCIAL EUROPEO (2005): Punto 3.1.1.
[6] COMITÉ DE LAS REGIONES (2007): Observación 2.3.
[7] Otras definiciones precisas del término CPP aportadas por la doctrina las encontramos, por ejemplo, en JUAN LOZANO y RODRÍGUEZ MÁRQUEZ (2006) o CONCHA JARAVA (2005).

colaboración público-privada y el Derecho Comunitario en materia de contratación pública y concesiones del año 2004[8].

Así las cosas, y habiendo quedado claro que no existe una referencia legal comunitaria en torno a los CPP, países como Francia (*Ordennance núm. 2004-559 du 17 juin 2004 sur les contrats de partenariat*), Irlanda (*State Authorities PPA Arrangements Act,* 2002) o Italia (Ley 415/1998, conocida popularmente como Ley Merloni, modificada por la Ley 166/2002) ya han plasmado en sus ordenamientos jurídicos una realidad contractual de base asociativa que aporta seguridad jurídica a sus actuaciones. Igualmente y con una tendencia decididamente innovadora, se aglutinaron en el Reino Unido las directrices que desde principios de los años 90s buscaban la cooperación entre los sectores público y privado para desarrollar infraestructuras públicas y los servicios inherentes a las mismas y que

---

[8] Y que son (Punto 1.1.2, véase nota 4):
1. La duración relativamente larga de la relación, que implica la cooperación entre el socio público y el privado en diferentes aspectos del proyecto que se va a realizar.
2. El modo de financiación del proyecto, en parte garantizado por el sector privado, en ocasiones a través de una compleja organización entre diversos participantes. No obstante, la financiación privada puede completarse con financiación pública, que puede llegar a ser muy elevada.
3. El importante papel del operador económico, que participa en diferentes etapas del proyecto (diseño, realización, ejecución y financiación). El socio público se concentra esencialmente en definir los objetivos que han de alcanzarse en materia de interés público, calidad de los servicios propuestos y política de precios, al tiempo que garantiza el control del cumplimiento de dichos objetivos.
4. El reparto de los riesgos entre el socio público y el privado, al que se le transfieren aquéllos que habitualmente soporta el sector público. No obstante, las operaciones de CPP no implican necesariamente que el socio privado asuma todos los riesgos derivados de la operación, ni siquiera la mayor parte de ellos. El reparto preciso de los mismos se realiza caso por caso, en función de las capacidades respectivas de las partes en cuestión para evaluarlos, controlarlos y gestionarlos.

vinieron a denominarse *Private Finance Initiative* (PFI) o Iniciativa de Financiación Privada[9].

Es en este contexto europeo en el que nace el "CPP español", fruto de la unión de las características que presenta principalmente el CPP francés y de las propias señas de identidad que han venido acumulando durante los últimos años las diferentes técnicas asociativas del ordenamiento jurídico español[10].

Centrándonos, por otro lado, en la auténtica naturaleza del CPP español, debemos decir, en primer lugar, que a pesar de que la Ley lo configura como un verdadero contrato administrativo típico[11], no son pocos

---

[9] Véase *Private Finance Panel* (1995) y *Treasury Private Finance Taskforce* (1997), ambos documentos han sido, en diferentes etapas, el medio a través del cual se han divulgado los principios fundamentales de la política PFI. Véase también: "*PFI: The STEPS Deal*", *National Audit Office*, 2004. Disponible en http://www.nao.org.uk/publications/0304/pfi_-_the_steps_deal.aspx

[10] Debemos decir que la norma francesa ha sido, como en muchas otras ocasiones, el modelo a seguir por el legislador español para regular el CPP, sirva de ejemplo la definición que del mismo realiza el artículo 1 de la *Ordennance* antes citada, muy similar a los términos en los que se redacta nuestro artículo 11 de la LCSP: "*Les contrats de partenariat sont des contrats administratifs par lesquels l'Etat ou un établissement public de l'Etat confie à un tiers, pour une période déterminée en fonction de la durée d'amortissement des investissements ou des modalités de financement retenues, une mission globale relative au financement d'investissements immatériels, d'ouvrages ou d'équipements nécessaires au service public, à la construction ou transformation des ouvrages ou équipements, ainsi qu'à leur entretien, leur maintenance, leur exploitation ou leur gestion, et, le cas échéant, à d'autres prestations de services concourant à l'exercice, par la personne publique, de la mission de service public dont elle est chargée. Le cocontractant de la personne publique assure la maîtrise d'ouvrage des travaux à réaliser.*"

[11] Según el apartado 1 del art. 19: "Tendrán carácter administrativo los contratos siguientes, siempre que se celebren por una Administración Pública:

a) Los contratos de obra, concesión de obra pública, gestión de servicios públicos, suministro, y servicios, así como los contratos de colaboración entre el sector público y el sector privado. No obstante,

los autores que empiezan a pensar en él no como un verdadero contrato administrativo, sino más bien como una técnica nueva de contratar, una fórmula contractual que permite aprovecharse de las ventajas de ser, nominativamente un contrato típico y, en la práctica, una combinación de todos los demás[12].

Los argumentos a favor de considerar al CPP exclusivamente como un contrato administrativo típico son más bien pocos, mejor dicho, simplemente uno, el hecho de que la propia Ley de Contratos del Sector Público (en adelante, LCSP) lo considera como tal en su art. 19.1, letra a). No podemos ser, sin embargo, tan rotundos en nuestras afirmaciones, ya que si somos precisos nos daremos cuenta de que, aunque nominativamente no ha existido el CPP en nuestro ordenamiento jurídico hasta ahora, son muchas las fórmulas asociativas que han venido utilizándose a lo largo del siglo XX y que podrían considerarse como el origen remoto del actual CPP[13].

Nos es objeto de estas líneas investigar los orígenes, siquiera más remotos, del actual CPP[14], sino más bien de aportar argumentos a favor de su verdadero carácter, como fórmula contractual precisa para llevar a cabo proyectos complejos e innovadores que no puedan ser llevados a cabo a través de otras técnicas contractuales tradicionales.

---

los contratos de servicios comprendidos en la categoría 6 del Anexo II y los que tengan por objeto la creación e interpretación artística y literaria y los de espectáculos comprendidos en la categoría 26 del mismo Anexo no tendrán carácter administrativo."

[12] Postura mantenida, entre otros, por JIMÉNEZ DÍAZ (2008).

[13] Sirva de ejemplo la aparición de los Consorcios, regulados en el ámbito local por el Decreto de 17 de junio de 1955 por el que se aprueba el Reglamento de Servicios de las Corporaciones Locales, parcialmente en vigor.

[14] Para ello ya existen otras obras, como por ejemplo, VILLARINO MARZO (2009).

Son varias las razones que refuerzan el argumento anteriormente expuesto. En primer lugar, y desde mi punto de vista, principalmente porque la LCSP configura al CPP como una verdadera combinación de los demás contratos típicos: obras, concesión de obras pública, gestión de servicios públicos, suministros y servicios. Es decir, dicho de otra forma, que el CPP no tiene objeto propio si no es que se fundamenta en alguno de los otros contratos administrativos, algo que, en principio, no tiene demasiado sentido si se quiere considerar al mismo como un verdadero contrato nominado.

Si atendemos, pues, al objeto del CPP que el art. 11 le atribuye[15], nos damos cuenta de la confusión, acumulación y refundición de objetos que tal regulación propicia. Distinguimos, sin embargo, dos elementos claramente diferenciables del objeto de este contrato: por un lado, las prestaciones a las que se obligará el operador privado (la realización de una actuación global

---

[15] Según dicho artículo: "Son contratos de colaboración entre el sector público y el sector privado aquellos en que una Administración Pública encarga a una entidad de derecho privado, por un período determinado en función de la duración de la amortización de las inversiones o de las fórmulas de financiación que se prevean, la realización de una actuación global e integrada que, además de la financiación de inversiones inmateriales, de obras o de suministros necesarios para el cumplimiento de determinados objetivos de servicio público o relacionados con actuaciones de interés general, comprenda alguna de las siguientes prestaciones:
a) La construcción, instalación o transformación de obras, equipos, sistemas, y productos o bienes complejos, así como su mantenimiento, actualización o renovación, su explotación o su gestión.
b) La gestión integral del mantenimiento de instalaciones complejas.
c) La fabricación de bienes y la prestación de servicios que incorporen tecnología específicamente desarrollada con el propósito de aportar soluciones más avanzadas y económicamente más ventajosas que las existentes en el mercado.
d) Otras prestaciones de servicios ligadas al desarrollo por la Administración del servicio público o actuación de interés general que le haya sido encomendado."

20

e integrada que, además de la financiación de inversiones inmateriales, de obras o de suministros necesarios para el cumplimiento de determinados objetivos de servicio público o relacionados con actuaciones de interés general) y, por el otro, el propio objeto del contrato, a saber: la construcción, instalación o transformación de obras, equipos, sistemas, y productos o bienes complejos, así como su mantenimiento, actualización o renovación, su explotación o su gestión; la gestión integral del mantenimiento de instalaciones complejas; la fabricación de bienes y la prestación de servicios que incorporen tecnología específicamente desarrollada con el propósito de aportar soluciones más avanzadas y económicamente más ventajosas que las existentes en el mercado y otras prestaciones de servicios ligadas al desarrollo por la Administración del servicio público o actuación de interés general que le haya sido encomendado.

En segundo lugar, es el carácter subsidiario del propio CPP el que deja entrever su naturaleza instrumental[16]. No quiero decir con esto que el citado contrato tenga menor importancia que los demás o que sea secundario, pero según la configuración que le atribuye la LCSP parece que no se le esté dotando de la fuerza que debería tener un contrato administrativo típico. En este sentido, el apartado 2 del citado art. 11 lo deja claro: sólo podrán celebrarse contratos de colaboración entre el sector público y el sector privado cuando previamente se haya puesto de manifiesto, en la forma prevista en el artículo 118, que otras fórmulas

---

[16] Lo cierto es que el carácter subsidiario del CPP no era una característica del Proyecto de Ley remitido por el Gobierno a las Cortes Generales, sino que éstas lo modificaron en el trámite parlamentario, considerándose, pues, dicha alteración, *voluntas legislatoris*. En concreto, enmienda núm. 159 del Grupo Parlamentario Socialista en el Congreso, BOCG de 29 de marzo de 2007, Serie A núm. 95-22, pág. 230.

alternativas de contratación no permiten la satisfacción de las finalidades públicas.

Esta afirmación tan contundente nos lleva a plantearnos varias cuestiones. En primer lugar, ¿qué miedo se tiene a darle al CPP un impulso decisivo, no como contrato residual, si puede solucionar la mayoría de los contratos complejos a los que cada día nos enfrentamos los aplicadores de la LCSP? y, en segundo lugar, será relativamente sencillo romper el carácter subsidiario del contrato en tanto en cuanto la Administración contratante elabore el documento de evaluación en que se ponga de manifiesto que, habida cuenta de la complejidad del contrato[17], no está en condiciones de definir, con carácter previo a la licitación, los medios técnicos necesarios para alcanzar los objetivos proyectados o de establecer los mecanismos jurídicos y financieros para llevar a cabo el contrato, y se efectúe un análisis comparativo con formas alternativas de contratación que justifiquen en términos de obtención de mayor valor por precio, de coste global, de eficacia o de imputación de riesgos, los motivos de carácter jurídico, económico, administrativo

---

[17] Se debe tener en cuenta que, según el Informe 53/2009, de 26 de febrero de 2010, de la Junta Consultiva de Contratación Administrativa del Estado: "Resulta así, que la idea expuesta por la Diputación Provincial de Ávila es adecuada a las exigencias legales respecto del contrato que pretende celebrar para la renovación y mantenimiento de la red de carreteras dependiente de ella. Lo que ya no es posible establecer tomando en consideración los datos que se aportan en el texto de la consulta (único documento recibido, por otra parte) es si se justifica o no el acudir al contrato de colaboración en función de las características del diseño contractual que tenga previsto la Corporación, habida cuenta de que el mero hecho de que la financiación deba llevarse a cabo a lo largo de veinte o más años no puede considerarse, por sí solo, como justificación de la utilización de esta figura contractual. Dependiendo de la concurrencia de otras circunstancias no indicadas en la consulta, podría considerarse adecuado desde el punto de vista legal el recurrir a la figura contractual contemplada en el artículo 11 de la Ley de Contratos del Sector Público."

y financiero que recomienden la adopción de esta fórmula de contratación[18].

Finalmente, y como argumento decisivo para entender que el CPP ya no puede ser considerado como un verdadero contrato administrativo en sí mismo, es el hecho de que la propia LCSP establece en su art. 289 que los contratos de colaboración entre el sector público y el sector privado se regirán por las normas generales contenidas en el Título I del Libro IV y por las especiales correspondientes al contrato típico cuyo objeto se corresponda con la prestación principal de aquél, en lo que no se opongan a su naturaleza, funcionalidad y contenido peculiar.

Habida cuenta de esta desnaturalización del CPP, propiciada por una remisión forzada a otros contratos típicos, nos damos cuenta de que el contrato en cuestión no puede determinar por sí mismo sus propios efectos y extinción si no es a través de los contratos típicos sobre los que se ha sustentado. Es decir, que carece de regulación propia, más allá de la general aplicable a los demás contratos típicos para definir sus especificidades en relación con la fase final del mismo. Se configura, pues, como una suerte de contrato mixto donde la prestación del contrato principal sobresale de las demás. Llegamos a la misma conclusión si observamos las cláusulas que según el art. 120 de la LCSP deben incluirse necesariamente en el CPP. Así, según las letras a) y m) de dicho artículo, se deberán identificar las prestaciones principales del contrato, o lo

---

[18] Según continúa el art. 118 de la LCSP:

"2. La evaluación podrá realizarse de forma sucinta si concurren razones de urgencia no imputables a la Administración contratante que aconsejen utilizar el contrato de colaboración entre el sector público y el sector privado para atender las necesidades públicas.

3. La evaluación será realizada por un órgano colegiado donde se integren expertos con cualificación suficiente en la materia sobre la que verse el contrato."

que es lo mismo, el contrato administrativo típico que subyace en todo CPP[19].

En cuanto a la duración de CPP, ocurre exactamente lo mismo, a tenor de lo que dispone el art. 290 de la LCSP[20], que por absorción el contrato de concesión de obra pública podrá robarle al CPP su régimen general e imponerle una duración superior alcanzando incluso los 40 años, 20 más de los que permite el propio contrato.

III.- EL CPP Y LOS DEMÁS CONTRATOS ADMINISTRATIVOS DE BASE ASOCIATIVA.

Existen, como ya se ha dicho, diferentes técnicas de raíz asociativa que han venido siendo utilizadas por las diferentes Administraciones Públicas españolas hasta la aparición del CPP. Durante muchos años estas fórmulas contractuales se han usado de forma exitosa[21], pero sin el reconocimiento que merecían[22],

---

[19] Según la letra a) procederá la identificación de las prestaciones principales que constituyen su objeto, que condicionarán el régimen sustantivo aplicable al contrato, de conformidad con lo previsto en la letra m) de este artículo y en el artículo 289. En los mismos términos se pronuncia la letra m) al establecer que las cláusulas del contrato harán referencia a las condiciones generales y, cuando sea procedente, a las especiales que sean pertinentes en función de la naturaleza de las prestaciones principales, que la Ley establece respecto a las prerrogativas de la administración y a la ejecución, modificación y extinción de los contratos.

[20] La duración de los contratos de colaboración entre el sector público y el sector privado no podrá exceder de 20 años. No obstante, cuando por razón de la prestación principal que constituye su objeto y de su configuración, el régimen aplicable sea el propio de los contratos de concesión de obra pública, se estará a lo dispuesto en el artículo 244 sobre la duración de éstos.

[21] En opinión de CUENCA MIRANDA: "Hasta la fecha, todos los niveles de administración, estatal, autonómica y local han utilizado figuras del derecho administrativo, ya sea concesiones de obra pública, contratos de obra, atípicos o como y se ha mencionado contratos fuera del ámbito administrativo, de arrendamiento, derecho de

puesto que nuestro ordenamiento jurídico las calificaba formalmente como contratos administrativos típicos, siendo, en cambio, además de eso, auténticas *Public Private Partnerships* o Asociaciones Público Privadas que con tanta fuerza se habían ido implantando en los países de nuestro entorno durante la década de los 90s.[23]

Así pues, vamos a analizar las diferentes técnicas, mejor dicho, contratos, de base asociativa que, además de ser una alternativa al CPP representan también su origen y, en muchos casos, su justificación. Nos estamos refiriendo, cómo no, al contrato de concesión de obra pública, al contrato de gestión de servicios públicos y al arrendamiento operativo.

1.- El contrato de concesión de obra pública.

El contrato de concesión de obra pública tiene en el ordenamiento jurídico español un origen muy remoto, contemplándose ya por la Real Orden de 10 de octubre de 1845, y posteriormente recogiéndose por la Ley General de Obras Públicas, de 13 de abril de 1877, que lo denomina ya concesión en su artículo 53[24]. No

---

superficie, etc., para con mayor o menor fortuna lograr sus objetivos de servicio a los ciudadanos y conciliarlos con sus posibilidades presupuestarias", en VILLARINO MARZO (2009).

[22] En opinión de CUENCA MIRANDA: "Sin entrar en las consideraciones jurídicas y de técnica legislativa que este cambio supone y la menor o mayor fortuna de su realización, no deja de ser un signo de al menos reconocimiento, no sabemos si de aceptación por parte del legislador, de la creciente extensión de las técnicas económicas y financieras de promoción de infraestructuras públicas...", ver nota 22.

[23] Véase, por ejemplo, el estudio pormenorizado por países elaborado por *PricewaterhouseCoppers* (2005).

[24] Según el cual: "Los particulares y Compañías podrán también construir y explotar obras públicas destinadas al uso general y las demás que se enumeran en el art. 7.º de esta ley, mediante concesiones que al efecto se les otorguen."

es, sin embargo, hasta la Ley 13/2003, de 23 de mayo[25], reguladora del contrato de concesión de obras públicas en que este contrato se configura, de forma independiente, como contrato administrativo típico, incluyéndose como tal, en el ya derogado Texto Refundido de la Ley de Contratos de las Administraciones Públicas, aprobado por el Real Decreto Legislativo 2/2000, de 16 de junio. Actualmente, la regulación de dicho contrato se encuentra contenida en el art. 7 de la LCSP, según el cual la concesión de obras públicas es un contrato que tiene por objeto la realización por el concesionario de algunas de las prestaciones a que se refiere el artículo 6 de la citada norma, incluidas las de restauración y reparación de construcciones existentes, así como la conservación y mantenimiento de los elementos construidos, y en el que la contraprestación a favor de aquél consiste, o bien únicamente en el derecho a explotar la obra, o bien en dicho derecho acompañado del de percibir un precio[26].

---

[25] Para profundizar en este contrato es posible acudir a GIMENO FELIU (2005) así como MORENO MOLINA (2005).

[26] Continúa el art. 7 de la LCSP de la siguiente forma:

"2. El contrato, que se ejecutará en todo caso a riesgo y ventura del contratista, podrá comprender, además, el siguiente contenido:

a) La adecuación, reforma y modernización de la obra para adaptarla a las características técnicas y funcionales requeridas para la correcta prestación de los servicios o la realización de las actividades económicas a las que sirve de soporte material.

b) Las actuaciones de reposición y gran reparación que sean exigibles en relación con los elementos que ha de reunir cada una de las obras para mantenerse apta a fin de que los servicios y actividades a los que aquéllas sirven puedan ser desarrollados adecuadamente de acuerdo con las exigencias económicas y las demandas sociales.

3. El contrato de concesión de obras públicas podrá también prever que el concesionario esté obligado a proyectar, ejecutar, conservar, reponer y reparar aquellas obras que sean accesorias o estén vinculadas con la principal y que sean necesarias para que ésta cumpla la finalidad determinante de su construcción y que permitan su mejor funcionamiento y explotación, así como a efectuar las actuaciones ambientales relacionadas con las mismas que en ellos se prevean. En el supuesto de que las obras vinculadas o accesorias puedan ser objeto de explotación o aprovechamiento económico,

Nos interesa, no obstante, no tanto el origen y evolución de esta clásica modalidad contractual del ordenamiento jurídico español, si no más bien su clara naturaleza asociativa, su fuerte tendencia aglutinadora de los intereses públicos y privados, así como el hecho de ser, en última instancia, referente obligado en todo CPP[27].

Son muchas las características del contrato de concesión de obra pública que lo configuran como un contrato único y especial, pero solo una de ellas es la que, en la práctica, refleja su verdadera vocación como fórmula de colaboración público-privada. Nos estamos refiriendo al hecho de que el propio contrato de concesión de obra pública produce como efecto económico-jurídico global y esencial la transferencia de los riesgos de la construcción y explotación de la obra de la Administración Pública al empresario privado[28]. Así lo dice claramente la LCSP en sus artículos 225 y 229 respectivamente: las obras se construirán a riesgo y ventura del concesionario y éste estará obligado a explotar la obra pública, asumiendo el riesgo económico de su gestión con la continuidad y en los términos establecidos en el contrato u ordenados posteriormente por el órgano de contratación.

Si analizamos, no obstante, los riesgos implícitos en toda concesión de obra pública podremos ver que el reparto de los mismos (*allocated risks*) suele favorecer sobremanera a la Administración concesionaria, de modo que ésta soportará, en el caso de que se produzcan, los denominados riesgos no comerciales.

éstos corresponderán al concesionario conjuntamente con la explotación de la obra principal, en la forma determinada por los pliegos respectivos."

[27] Sirva de ejemplo, como se dijo antes, la absorción que se produce por el contrato de concesión de obra pública sobre el CPP en cuanto a la duración de éste último, todo ello en virtud del art. 290 de la LCSP.

[28] Para profundizar en el reparto de riesgos de las concesiones de obra pública es preciso la COMISIÓN EUROPEA (2004)

Con esta expresión se hace referencia a todos aquellos riesgos imprevisibles cuyo control escapa a las facultades ordinarias de la gestión eficaz de la concesión por parte del empresario privado, ya que éste no puede prever los eventos que originan dichos riesgos, entre los que podemos destacar, fundamentalmente, tres: el *factum principis*, el *ius variandi* y la fuerza mayor[29].

En relación con los demás riesgos de la concesión de obra pública, la doctrina suele agruparlos en tres grandes categorías. En primer lugar, el denominado riesgo de construcción, que se deriva de hechos tales como retrasos en la entrega de la infraestructura pública, el incumplimiento de los criterios establecidos en el contrato, asumir costes adicionales que pueden surgir durante la ejecución del contrato, las deficiencias técnicas y efectos externos negativos, etc. En este sentido, se entiende que la Administración asume este riesgo si tiene que realizar pagos periódicos al concesionario sin tener en cuenta el estado efectivo de la infraestructura o activo.

En segundo lugar, nos encontramos con el riesgo de disponibilidad, que consiste en no entregar el volumen convenido en el contrato, el incumplimiento de la normativa en materia de seguridad o de las certificaciones administrativas aplicables a servicios a usuarios finales y especificadas en el contrato, el incumplimiento de los estándares de calidad fijados contractualmente, etc. Este riesgo es asumido por el concesionario si la Administración goza de la facultad de reducir significativa y automáticamente los pagos periódicos cuando concurran las circunstancias anteriormente citadas.

---

[29] En relación con dichos riesgos consultar, entre otros, el Informe 25/2006, de 20 de junio, de la Junta Consultiva de Contratación Administrativa del Estado.

Finalmente, nos encontramos con el riesgo de demanda, que vendría referido a la variabilidad de la demanda con independencia del comportamiento del concesionario, riesgo éste que ha de surgir de los cambios del ciclo económico, de las nuevas tendencias del mercado, de la competencia o de que el concesionario actúe con maquinaria obsoleta, pero en ningún caso de la deficiente o baja calidad de los servicios prestados. En este caso, la Administración asumirá el riesgo si paga lo mismo al concesionario por los servicios prestados con independencia las fluctuaciones de demanda.

2.- El contrato de gestión de servicios públicos.

La gestión indirecta de servicios públicos por parte de sociedades mercantiles privadas ha sido, desde siempre, una de las fórmulas más utilizadas por las Administraciones Públicas para lograr la tan ansiada racionalización de los recursos públicos. En esencia, la Administración ha pretendido aprovecharse de la experiencia del sector privado para que éste gestione sus servicios, habida cuenta de la ineficacia de ésta para prestarlos de manera adecuada sin incurrir en un déficit público desmesurado.

Dejando a un lado la inmensa literatura científica en torno al concepto de servicio público y a las diferentes formas de gestión directa que éste puede revestir[30], vamos a centrarnos, en la línea de lo expuesto anteriormente, en la enorme carga asociativa que supone encomendar a un empresario privado la gestión de un servicio público cualquiera en régimen de

---

[30] Para un análisis más minucioso de esta cuestión se puede acudir a SANTAMARÍA PASTOR (2004) así como a BERMEJO VERA (1999).

concesión, gestión interesada, concierto o sociedad de economía mixta[31].

El contrato de gestión de servicios públicos, según se define por el art. 8 de la LCSP, es aquél en cuya virtud una Administración Pública encomienda a una persona, natural o jurídica, la gestión de un servicio cuya prestación ha sido asumida como propia de su competencia por la Administración encomendante. Esta definición no deja, sin embargo, entrever su naturaleza multiforme y compleja (STS de 22 de septiembre de 1986), a pesar de arrojar bastante luz en torno a las notas más características del mismo. A pesar de todo, no resulta difícil comprender cómo el contrato de gestión de servicios públicos se ha convertido actualmente en un auténtico contrato de base asociativa donde la Administración y el empresario colaboran estrechamente en la prestación de los servicios esenciales como, por ejemplo, la sanidad o la educación[32].

La concesión, como primera modalidad del contrato de gestión de servicios públicos, es aquélla por la que el empresario gestiona el servicio a su propio riesgo y ventura, lo que determina, en último término, la transferencia de los principales riesgos del contrato al adjudicatario del mismo. Esto no impide, al igual que sucede con el contrato de concesión de obra pública, que la Administración deba restablecer el equilibrio económico de la concesión en el momento en que este se rompa, dicho de otro modo, la Administración deberá acudir "en ayuda del concesionario, compartiendo con él los riesgos que de forma

---

[31] Todas ellas modalidades de gestión de los servicios públicos de conformidad con el art. 253 de la LCSP.
[32] Para un estudio más detallado de los orígenes de la gestión pública sanitaria a través de fórmulas de colaboración público-privada, acudir a COLÓN DE CARVAJAL FIBLA (2009b).

imprevista hayan podido surgir con el fin de evitar el colapso total del servicio concedido"[33].

La gestión interesada, como segunda modalidad del contrato de gestión de servicios públicos, supone que la Administración y el empresario participen en los resultados de la explotación del servicio en la proporción que se establezca en el contrato, con lo que el reparto de riesgos inherentes al mismo ya no favorece, al menos en la teoría, a la Administración Pública. Cabe decir, por otro lado, que existen autores que opinan que esta modalidad supone que, en esencia, la Administración contratante gestione el servicio a su riesgo y ventura pero con la colaboración de una empresa a la que la retribuye a través de una participación en los beneficios[34]. En este sentido, es importante definir concretamente en la documentación preparatoria del contrato los derechos y obligaciones de las partes de forma que la colaboración público-privada sea duradera tanto en términos de tiempo como de dinero.

En tercer lugar, nos encontramos el concierto con una persona natural o jurídica que venga realizando prestaciones análogas a las que constituyen el servicio público de que se trate. Esta modalidad se utiliza, tradicionalmente, en aquellos servicios públicos que se ofrecen en régimen de concurrencia con el sector privado y en los que la prestación que realiza la Administración Pública puede ser insuficiente.

Finalmente, la cuarta y última modalidad de gestión de servicios públicos es la sociedad de economía mixta en la que la Administración participe, por sí o por medio de una entidad pública, en concurrencia con personas naturales o jurídicas, en la

---

[33] GALLARDO CASTILLO (1996).
[34] GARCÍA DE ENTERRÍA y TOMÁS-RAMÓN FERNÁNDEZ (2004).

gestión del citado servicio. Esta fórmula concreta, que adopta diferentes denominaciones en el Derecho comparado, tales como, *Kooperationsmodell, Joints Ventures o Sociétés d'Economie Mixte,* encuentra su referente comunitario en la Comunicación Interpretativa relativa a la aplicación el Derecho comunitario en materia de contratación pública y concesiones a la colaboración público-privada institucionalizada (CPPI), de 5 de febrero de 2008. Según esta Comunicación, la Comisión Europea entiende por CPPI la cooperación entre socios del sector público y del sector privado que crean una entidad de capital mixto para la ejecución de contratos públicos o concesiones. La aportación privada a los trabajos de la CPPI, además de la contribución al capital u otros activos, consiste en la participación activa en la ejecución de las tareas confiadas a la entidad de capital mixto y/o la gestión de dicha entidad. En cambio, la simple aportación de fondos por un inversor privado a una empresa pública no constituye una CPPI.

3.- El arrendamiento operativo.

En relación con el contrato de arrendamiento operativo debemos decir, en primer lugar, que si bien es cierto que actualmente no goza de un tratamiento jurídico específico, sí que debería considerarse una modalidad contractual en toda regla habida cuenta de las innumerables experiencias prácticas llevadas a cabo en base al mismo y que tienen su encaje legal, no tanto en el marco de la legislación de contratos de las Administraciones Públicas, sino más bien, en su legislación patrimonial y financiera[35].

---

[35] Huelga decir, por otro lado, que al Junta Consultiva de Contratación Administrativa del Estado ha manifestado su disconformidad a la utilización de esta fórmula contractual en su Informe 29/2007, de 5 de julio.

Por otro lado, a pesar de ser una técnica relativamente nueva para el ordenamiento jurídico español, no sucede lo mismo en otros países de clara referencia asociativa en materia contractual, como por ejemplo el Reino Unido, donde el arrendamiento operativo ha venido siendo utilizado en la provisión de equipamientos y prestación de servicios públicos a través de las conocidas fórmulas de *Private Finance Initiative.*

En primer lugar, y para entender mejor la figura del arrendamiento operativo, podemos definirlo como aquel contrato en virtud del cual una de las partes (arrendador) cede a la otra (arrendatario) el derecho a utilizar un activo durante un plazo determinado a cambio de percibir una contraprestación y manteniendo, en todo momento, los riesgos y beneficios inherentes a la propiedad. Existe, por otro lado, una clara diferencia de este tipo de arrendamiento con el denominado arrendamiento financiero, y es que en este último, a diferencia del anterior, la entidad privada arrendataria transfiere a la Administración Pública los riesgos y beneficios inherentes a la propiedad[36].

En relación con lo anterior, podemos decir que las principales características de los arrendamientos operativos son[37]:

1. El operador privado prepara y abona el seguro y mantenimiento del activo subyacente.

---

[36] Si se quiere profundizar más en las diferencias entre estos dos tipos de arrendamientos, el operativo y el financiero, deberemos analizar el Reglamento (CE) núm. 1735/2003, de la Comisión, de 29 de septiembre de 2003, por el que se adoptan determinadas Normas Internacionales de Contabilidad de conformidad con el Reglamento (CE) núm. 1606/2002 del Parlamento Europeo y del Consejo, de 19 de julio de 2002.
[37] ARACETE GIL (2004).

2. En caso de rescisión anticipada del contrato el operador privado debe hacerse cargo de las deudas contraídas.

3. La sociedad privada tiene potestad en la forma de cumplir el contrato, diseño y construcción del activo y decide el modo de explotación.

4. Los ingresos del adjudicatario varían en función de la demanda efectiva.

5. El único flujo monetario corresponde a los pagos públicos.

6. Los pagos de la Administración se reducen si el servicio prestado no alcanza la calidad requerida.

7. El mecanismo de ingresos no prevé incrementos aunque los costes relacionados con el activo aumenten.

8. La Administración no ejerce la opción de adquirir el activo al final del contrato.

En cuanto al procedimiento que la Administración pública contratante deberá llevar a cabo para alcanzar sus objetivos, en este caso, la construcción de grandes infraestructuras o la gestión de servicios complejos, éste debe pasar por tres fases claramente diferenciadas. La primera fase del contrato de arrendamiento operativo que lo configura legalmente como una verdadera fórmula de colaboración público privada es, sin duda, la construcción de una infraestructura en base a un derecho de superficie[38].

---

[38] Según el artículo 40 del Real Decreto Legislativo 2/2008, de 20 de junio, por el que se aprueba el texto refundido de la ley de suelo: "El derecho real de superficie atribuye al superficiario la facultad de realizar construcciones o edificaciones en la rasante y en el vuelo y el

Así pues, la Administración Pública, titular del terreno, le otorga al empresario un derecho de superficie para que éste construya en él la infraestructura proyectada. Asimismo, dicho empresario, deberá hacerse cargo de los costes derivados de la redacción del proyecto, la dirección facultativa de las obras y la legalización de las instalaciones.

El segundo paso en el contrato de arrendamiento operativo sería, lógicamente, que la entidad privada arrendadora alquilara a la Administración la infraestructura objeto de construcción y, por consiguiente, ésta tendría el derecho a utilizarla, en régimen de alquiler, en tanto en cuanto subsistiera el derecho de superficie. A cambio, la Administración debería abonarle al empresario constructor-arrendador la correspondiente contraprestación. Es importante apuntar, por otro lado, que durante toda la vida del contrato de arrendamiento, el arrendador tiene la obligación genérica de conservar y mantener la infraestructura alquilada a la Administración en las condiciones de calidad y prestación establecidas previamente en el contrato.

Por último, el fin del contrato de arrendamiento operativo llegará con la extinción del derecho de superficie, que producirá la reversión de las infraestructuras en beneficio de la Administración. Existen, sin embargo otros motivos que pueden producir, además del ya referido cumplimiento del contrato, la resolución anticipada del mismo. Nos estamos refiriendo en este punto a las causas de resolución detalladas, con carácter general, en el art. 206 de la LCSP.

---

subsuelo de una finca ajena, manteniendo la propiedad temporal de las construcciones o edificaciones realizadas."

IV.- EL CPP COMO EL CONTRATO DEL FUTURO.

En el actual contexto de crisis económica en el que la mayoría de los países europeos están sumidos, podemos observar cómo desde las Instituciones Comunitarias, principalmente desde la Comisión Europea, se están realizando importantes esfuerzos por relanzar a los CPP como fórmulas de éxito para llevar a cabo proyectos de infraestructuras, facilitar servicios públicos y, de manera más general, innovar.

Así pues, según la reciente Comunicación de la Comisión Europea de fecha 19 de noviembre de 2009, para hacer frente a la crisis económica y financiera la UE y sus Estados Miembros están aplicando planes de recuperación ambiciosos destinados a estabilizar el sector financiero y limitar los efectos de la recesión sobre los ciudadanos y la economía real. La inversión en proyectos de infraestructuras es un medio importante para mantener la actividad económica durante la crisis y favorecer la rápida vuelta a un crecimiento económico sostenido.

No obstante, nos interesa de dicha Comunicación el impulso que se le da, como ya hemos dicho, a las "viejas formas de CPP" (CPPC o CPPI) para hacer de ellas la punta de lanza de las principales medidas anticrisis llevadas a cabo por los Estados Miembros de la Unión. Los puntos fuertes de los CPP señalados por la Comisión Europea para resaltar su eficacia en la gestión de proyectos se pueden resumir en siete:

1.   Mejoran la ejecución de los proyectos, habiéndose demostrado que la mayoría de los proyectos realizados en régimen de colaboración público-privada respetan los plazos y los presupuestos[39].

---

[39] Un informe reciente (octubre 2009) de la *National Audit Office* (NAO) en el Reino Unido actualiza el *PFI construction performance report* de 2003. Este informe confirma que, en general, la

2. Consiguen un mayor rendimiento económico de las infraestructuras, aprovechando la eficiencia y el potencial innovador de un sector privado competitivo para reducir los costes o conseguir mejores índices calidad/precio[40].

3. Reparten el coste de financiación de la infraestructura a lo largo de toda la vida útil del activo, lo que reduce las presiones inmediatas sobre los presupuestos del sector público y permiten adelantar varios años la finalización de los proyectos de infraestructuras y los beneficios que conllevan.

4. Mejoran la distribución de riesgos entre los participantes públicos y privados. Siempre que se distribuya adecuadamente, una gestión del riesgo más eficiente reduce el coste total de los proyectos.

5. Impulsan los esfuerzos en materia de viabilidad, innovación e investigación y desarrollo a fin de conseguir los grandes avances necesarios para encontrar nuevas soluciones a los retos socioeconómicos que afronta la sociedad.

---

colaboración público-privada funciona mejor que las adjudicaciones de contratos convencionales en lo que respecta al presupuesto (65 % de proyectos de iniciativa de financiación privada – PFI) y a la prestación puntual (69 %). Los excesos de costes constatados se debieron a la autoridad o a terceras partes en el 90 % de los casos. Por añadidura, el 91 % de los proyectos finalizados fueron calificados por los principales usuarios como muy buenos o bastante buenos en términos de construcción, calidad y concepción.

[40] Los resultados de un estudio mundial sobre el impacto de la participación del sector privado en la distribución de agua y electricidad, elaborado en mayo de 2009 y denominado *"Does Private Sector Participation Improve Performance in Electricity and Water Distribution?"*, demuestran que el sector privado cumple las expectativas de mayor productividad laboral y eficiencia operacional si interviene en los proyectos de la mano del sector público a través de las diferentes fórmulas que el CPP prevé. El informe está disponible en: http://www.ppiaf.org/content/view/480/485/.

6.   Ofrecen al sector privado un papel fundamental en el desarrollo y la aplicación de estrategias a largo plazo para grandes programas industriales, comerciales y de infraestructuras.

7.   Amplían las cuotas de mercado de las empresas europeas en el ámbito de la contratación pública en los mercados de terceros países. Gracias a la concesión de licencias de construcción, operación y transferencia (BOT) para obras así como a la concepción de soluciones *ad hoc*, las empresas europeas de servicios y obras públicas pueden obtener contratos importantes en determinados mercados de nuestros principales socios comerciales referentes, por ejemplo, a la construcción y gestión de aeropuertos y autopistas o a la distribución y el tratamiento de aguas.

De este modo, no es difícil entender el enorme impulso que desde la UE se le quiere dar a los CPP, independientemente de que, al no haber previsto dicha figura en la Directiva de contratos públicos, cada Estado Miembro que los utilice podrá hacerlo en los términos que prevea su legislación nacional, con el riesgo que, en última instancia, eso puede suponer.

V.- CONCLUSIONES.

Llegado este punto es preciso echar la vista atrás y recapitular las principales ideas formuladas hasta el momento. En primer lugar, hemos llegado a la conclusión de que el CPP, a pesar de haberse configurado por la LCSP como un contrato administrativo típico, no puede ser considerado como tal si atendemos a su verdadera naturaleza: primero, como combinación de los demás contratos administrativos típicos, segundo, por su carácter subsidiario y residual y, tercero, por su remisión en las cuestiones fundamentales del mismo, al régimen jurídico del contrato nominado sobre el que se sustenta.

En segundo lugar, y una vez analizadas las principales fórmulas de colaboración público-privada de nuestro ordenamiento jurídico, a saber, el contrato de concesión de obra pública, el contrato de gestión de servicios públicos y el arrendamiento operativo, podemos afirmar que este tipo de contratos asociativos cumplen, a su manera, con las cuatro características que sobre los CPP proporciona la Comisión Europea en el Libro Verde sobre la colaboración público-privada y el Derecho Comunitario en materia de contratación pública y concesiones[41]. En este sentido, y en relación con dichos contratos, observamos que:

1.- Se fundamentan en una duración relativamente larga de la relación público-privada. La concesión de obra pública tiene una duración de 40 años, pudiendo alcanzar incluso los 75 en las concesiones de obras públicas hidráulicas[42], los contratos de gestión de servicios públicos podrán tener una duración de 60 años[43] y, el arrendamiento

---

[41] Ver nota 8.

[42] Según establece el art. 134.1.a) del Texto Refundido de la Ley de Aguas, aprobado por Real Decreto Legislativo 1/2001, de 20 de julio, en relación con el art. 244.3 de la LCSP.

[43] Según el art. 254 de la LCSP: "El contrato de gestión de servicios públicos no podrá tener carácter perpetuo o indefinido, fijándose necesariamente en el pliego de cláusulas administrativas particulares su duración y la de las prórrogas de que pueda ser objeto, sin que pueda exceder el plazo total, incluidas las prórrogas, de los siguientes períodos:
a) Cincuenta años en los contratos que comprendan la ejecución de obras y la explotación de servicio público, salvo que éste sea de mercado o lonja central mayorista de artículos alimenticios gestionados por sociedad de economía mixta municipal, en cuyo caso podrá ser hasta 60 años."

operativo, basado en un derecho de superficie, podrá alcanzar los 99 años[44].

2.- Permiten una financiación mixta del proyecto, en parte garantizado por el sector privado, en parte garantizado por la Administración Pública. Así, según el art. 236 de la LCSP, las obras públicas objeto de concesión serán financiadas, total o parcialmente por el concesionario, pero cuando existan razones de rentabilidad económica o social, o concurran singulares exigencias derivadas del fin público o interés general de la obra objeto de concesión la Administración podrá también aportar recursos públicos para su financiación. En el mismo sentido, el art. 257.1 de la Ley establece que el contratista tiene derecho a las contraprestaciones económicas previstas en el contrato de gestión de servicios públicos, entre las que se incluirá, para hacer efectivo su derecho a la explotación del servicio, una retribución fijada en función de su utilización que se percibirá directamente de los usuarios o de la propia Administración. Finalmente, conforme a las características definidas del arrendamiento operativo, el empresario privado percibirá, en todo caso, una contraprestación de la Administración arrendada.

3.- El operador económico juega un papel importante en la relación público-privada, participando en diferentes etapas del proyecto, ya sea en la fase de diseño del mismo[45], en su realización y ejecución o en

---

[44] Según el art. 40.2 del Real Decreto Legislativo 2/2008, de 20 de junio, por el que se aprueba el texto refundido de la ley de suelo: "Para que el derecho de superficie quede válidamente constituido se requiere su formalización en escritura pública y la inscripción de ésta en el Registro de la Propiedad. En la escritura deberá fijarse necesariamente el plazo de duración del derecho de superficie, que no podrá exceder de noventa y nueve años."

[45] Como por ejemplo en el contrato de concesión de obra pública, ya sea a través de la presentación del estudio de viabilidad prevista esta posibilidad por el art. 112.5 de la LCSP como la presentación de

su financiación, como muy bien acabamos de ver en el punto anterior[46].

4.- Por último, y en cuanto al reparto de riesgos, se produce lo que ha venido a denominarse un "reparto moral" de los mismos, es decir, que cada agente, público y privado, participa en los proyectos llevando a cabo aquellas tareas para las que cada uno cuenta con una ventaja comparativa mayor.

Finalmente, en cuanto a las posibilidades que nos brinda el actual CPP, podemos decir que éste tiene todos los elementos para convertirse en el contrato estrella de los próximos años. Primero, porque permite combinar diferentes prestaciones en un solo contrato; segundo, porque representa a nivel europeo una de las grandes esperanzas para salir de la crisis sin dejar de invertir en proyectos clave; y, por último, porque aúna en una sola figura jurídica los intereses públicos y privados en beneficio de toda la colectividad.

---

mejoras al proyecto por parte de los licitadores, según dispone el art. 115.1, letra c, 7º párrafo.

[46] Sirva de ejemplo, en el contrato de gestión de servicios públicos, el hecho de que el mismo pueda comprender la ejecución también de obras, por lo que la participación del empresario en el proyecto será, si cabe, mayor.

BIBLIOGRAFÍA

- ACERETE GIL, José Basilio (2004): Financiación y gestión privada de infraestructuras y servicios públicos. Asociaciones Público-Privadas, *IEF*, Colección Investigaciones, núm. 2.

- BERMEJO VERA, José (1999): Derecho Administrativo, Parte Espacial, *Civitas*, págs. 62 y ss.

- BRUNETE DE LA LLAVE, María Teresa (2010): El nuevo contrato de colaboración entre el sector público y el sector privado (I y II), Revista Práctica de Contratación Administrativa, núm. 96 y 97, págs. 32-51 y 39-57.

- COLÓN DE CARVAJAL FIBLA, Borja:

  - (2009a): El contrato de colaboración entre el sector público y el sector privado: una aproximación a su verdadera utilidad, Revista Práctica de Contratación Administrativa, núm. 85, págs. 53-63.

  - (2009b): Una nueva oportunidad para la gestión eficiente de la sanidad pública: el contrato de colaboración entre el sector público y el sector privado, *Revista Actualidad del Derecho Sanitario*, núms. 156 y 157.

- COMISIÓN EUROPEA (2004): Libro Verde sobre la colaboración público-privada y el Derecho Comunitario en materia de contratación pública y concesiones.

- COMITÉ DE LAS REGIONES (2007): Comunicación de la Comisión al Parlamento Europeo, al Consejo, al Comité Económico y Social Europeo y al Comité de las Regiones sobre colaboración público-privada y Derecho comunitario en materia de contratación pública y concesiones.

- COMITÉ ECONÓMICO Y SOCIAL EUROPEO (2005): El papel del BEI en el ámbito de la colaboración público-privada (CPP) y el impacto en la problemática del crecimiento.

- CONCHA JARAVA, Manuel (2005): La participación público-privada en la ejecución de las infraestructuras, *Reflexiones sobre el contrato de concesión de obra pública*, pág 52.

- GALLARDO CASTILLO, María Jesús (1996): El contrato de gestión de servicios públicos, Estudios sobre la contratación en las Administraciones Públicas, *Comares*, pág. 533.

- GARCÍA DE ENTERRÍA y TOMÁS-RAMÓN FERNÁNDEZ (2004): Curso de Derecho Administrativo I, *Civitas*, pág. 735.

- GIMENO FELIU, José María (2005): La normativa reguladora de los contratos de concesión de obra pública (reflexiones críticas tras la reforma de 2003), *Revista Aragonesa de Administración Pública*, núm. 26, págs. 53-76.

- JIMÉNEZ DÍAZ, Andrés (2008): El contrato de colaboración público-privada y el contrato de concesión (en la nueva Ley de Contratos del Sector Público), *Diario La Ley*, núm. 6934.

- JUAN LOZANO, Ana María y RODRÍGUEZ MÁRQUEZ, Jesús (2006): La Colaboración Público-Privada en la financiación de las infraestructuras o servicios públicos. Una aproximación desde los principios jurídico-financieros, *IEF*, Colección Estudios Jurídicos.

- MÍGUEZ MACHO, Luis (2008): Las formas de colaboración público-privada en el Derecho español, *Revista de Administración Pública*, núm. 175, págs. 157 y ss.

- MORENO MOLINA, José Antonio (2005): Las concesiones de obra pública en el derecho comunitario europeo, *Revista Contratación Administrativa Práctica*, núm. 39, págs. 22-25.

- PRICEWATERHOUSECOPPERS (2005): La solución de la cooperación público-privada. Realidad y futuro de las infraestructuras de Europa.

- PRIVATE FINANCE PANEL (1995): *Private opportunity, Public benefit: Progressing the Private Finance Initiative*, HM Stationery Office.

- SANTAMARÍA PASTOR, Juan Alfonso (2004): Principios del Derecho Administrativo General, Volumen II, Iustel, págs. 292 y ss.

- TREASURY PRIVATE FINANCE TASKFORCE (1997): *Partnerships for Prosperity*, HM Stationery Office.

- VILLARINO MARZO, Coord. VV. AA (2009): La colaboración público privada en la Ley de Contratos del Sector Público. Aspectos administrativos y financieros, *La Ley*.

CAPÍTULO 2. EL CONTRATO DE COLABORACIÓN ENTRE EL SECTOR PÚBLICO Y EL SECTOR PRIVADO DESDE UNA PERSPECTIVA POLITOLÓGICA.

I.- INTRODUCCIÓN.

No son pocas las señales que nos demuestran que cada vez más las actuaciones de los poderes públicos en ámbitos aparentemente sin conexión están estrechamente relacionadas. Uno de los ejemplos más claros y a la vez más sorprendentes de esta curiosa interrelación es el fuerte vínculo que existe entre contratación administrativa y gestión de las Administraciones Públicas. Este capítulo no es más que una revisión histórica y comparada que atestigua que ambas materias nacen, se desarrollan y llegan a su esplendor de forma conjunta, cogidas de la mano. En síntesis, que la Ley 30/2007, de Contratos del Sector Público, norma de referencia actualmente en la contratación administrativa española y la Gobernanza, como la puesta en práctica de estilos de gobernar en los que se han difuminado los límites entre lo público y lo privado, son en realidad, dos caras de la misma moneda.

II.- LA CONSTRUCCIÓN DE LOS ESTADOS-NACIÓN Y DE SUS GRANDES INFRAESTRUCTURAS.

a) El modelo weberiano de Administración Pública:

Después de la Revolución Francesa y a lo largo del siglo XIX se fueron consolidando en Occidente los denominados "Estados nacionales". En Europa y en los Estados Unidos de América se adecuaron los poderes del Estado y las formas de gobierno a las necesidades de un capitalismo emergente que le demandaba inversiones públicas, seguridad jurídica e igualdad de oportunidades. Dicho de otro modo, un Estado encaminado fundamentalmente a proporcionar la "procura existencial" de sus ciudadanos[47].

El gobierno basado en *"Liberté, égalité, fraternité"*[48] defendido por el sociólogo alemán Max Weber a principios del siglo XX fue el germen del llamado modelo burocrático de Estado que encajaba perfectamente en el concepto de nación uniforme, significando el paso de un sistema de dominación patrimonial-aristocrático a un sistema de dominación racional-legal.

Según el citado teórico, las características del modelo burocrático weberiano eran, en esencia, las siguientes:

1. Legalidad, donde la organización burocrática estaba conformada por un entramado de normas y reglamentos que no daban lugar a lagunas que abarcaban los demás ámbitos de la organización.

---

[47] La teoría de la Procura Existencial de Forsthoff defiende que el Estado debe proporcionar sino a todos, a una mayoría el mayor grado de bienestar posible respecto a aquellas necesidades que el individuo no pueda proporcionarse por sí mismo. Según García de Enterría, el Estado debe de encauzar adecuadamente la tarea de la asistencia vital, asegurando las bases materiales de la existencia individual y colectiva. El ciudadano debe poder obtener de los poderes públicos, todo aquello que siéndole necesario para subsistir dignamente, quede fuera de su alcance.

[48] "Libertad, igualdad, fraternidad" fue el lema de la Revolución Francesa y es también la divisa de la Francmasonería. El eslogan sobrevivió a la revolución, convirtiéndose en el grito de activistas a favor de la democracia y del derrocamiento de gobiernos opresores y tiránicos de todo tipo. El lema aparece citado en las Constituciones francesas de 1946 y 1958 (en ambos casos, está en el título primero, rubricado como De la soberanía, artículo 2).

2.   Formalidad, en virtud de la cual las decisiones, comunicaciones, normas y cualquier actuación administrativa se formulaban por escrito para asegurar la correcta interpretación de la legalidad.

3.   Racionalidad, entendida como división del trabajo y caracterizada por la definición y la naturaleza de cada puesto en concreto.

4.   Impersonalidad, importando los puestos de trabajo y sus funciones, dejando en un segundo plano a las personas.

5.   Jerarquía, manifestada en la designación de cargos y funciones estableciendo los ámbitos de control,   y definida por una serie de normas especificadas dando lugar a un estricto orden y subordinación entre grupos.

Por otro lado, y en relación con las ventajas que este modelo de Administración Pública tenía, podemos decir que su implantación aportó, entre otras cuestiones, racionalidad, igualdad del administrado frente al Estado, la uniformidad de procesos, la continuidad de la organización más allá de las personas, la unidad de dirección con disciplina y orden, así como la previsibilidad su funcionamiento.

En palabras del propio Weber: "La experiencia tiene a demostrar que el tipo de organización administrativa puramente burocrático, desde un punto de vista técnico, es capaz de lograr el grado más alto de eficacia. Es superior a cualquiera otra forma en cuanto a precisión, estabilidad, disciplina y operabilidad. Por tanto, hace posible un alto grado en el calculo de resultados para los dirigentes de la Organización y para quienes tienen relación con ella"[49].

---

[49] WEBER, M. (1944)

En este sentido, el establecimiento de una Administración Pública burocrática fue un elemento crucial en la construcción de los Estados-nación modernos, por su contribución a centralizar los procesos de toma de decisiones e implementación de políticas públicas, sustituyendo los sistemas de patronazgo y patrimonialismo asentados en dicha organización. El modelo weberiano se ajustaba muy bien a escenarios estables en los que se desarrollasen tareas repetitivas regidas por un procedimiento pre-establecido.

## b)	La Ley de Contratos del Estado de 1965:

En este contexto de cambio organizacional surge lo que para muchos ha sido la Ley paradigmática de contratación administrativa española durante la segunda mitad del siglo XX, y nos referimos, sin duda, a la Ley de Contratos del Estado, texto articulado aprobado por Decreto 923/1965, de 8 de abril.

Desde siempre se ha considerado a la contratación administrativa como uno de los temas centrales del Derecho Administrativo, porque en ella se plantean las cuestiones más esenciales que afectan directamente a la configuración de este ordenamiento jurídico como un derecho autónomo, y que determinan, en cierta manera, el comportamiento de las Administraciones Públicas frente al resto de instituciones privadas.

Como es sabido, la figura del contrato administrativo tiene su origen en la aplicación de una falsa teoría nacida en los primeros momentos de la sustanciación del Derecho Administrativo. Dicha teoría puso todo su énfasis en repartir la actividad de la Administración Pública en actos de autoridad y en actos de gestión. Se quería lograr, en el fondo, una ruptura radical entre las instituciones privadas y las administrativas con el fin de justificar la existencia diferente de estas últimas. Así, por razones prácticas, el contrato que aparecía residenciado, en su contenido y en sus manifestaciones, en el bloque de los actos de gestión comenzó a ser desplazado en algunos casos hacia otro orden, en el que intervenía la jurisdicción contencioso-administrativa.

Esta huida de contratos al control de los tribunales civiles provocó su inclusión en el bloque de los actos de autoridad, distinguiéndose a partir de entonces dos supuestos contractuales celebrados por la Administración, según interviniera como Poder público (contratos administrativos) o como un simple particular (contratos privados del Estado). Con posterioridad, tal y como ha sido puesto de relieve por la doctrina, la llamada Escuela del Servicio Público potenció aquel desdoblamiento contractual del Estado basándose en su idea central de que la naturaleza del Derecho Administrativo se fundamentaba en el hecho de ser un derecho especial, cuyo contenido estaba integrado por reglas exorbitantes que se escapaban al Derecho común[50]. La aplicación de la tesis de las exorbitancias a la contratación del Estado por la Escuela de Burdeos se cristalizó en la plasmación definitiva del contrato administrativo como un ser autónomo y diferente del contrato privado, razón por la que sólo podían entender de aquél los tribunales contenciosos[51].

Sin embargo, los avances conseguidos por la doctrina no encontraron eco en la Ley de Contratos del Estado de 1965. Se trataba de una Ley que venía a instalarse con toda torpeza en el seno de corrientes jurídicas abandonadas hacía tiempo por los investigadores del Derecho Administrativo. Este desfase originó profundas contradicciones, complicando el

---

[50] FERNÁNDEZ RODRÍGUEZ, T. R. (1972)
[51] VILLAR PALASÍ, J. L. (1969)

cuadro normativo con sus pretensiones totalizadoras, como acertadamente apuntaron algunos autores[52]. El criterio sustantivo y rígido del contrato administrativo que se introdujo por la citada Ley creaba el complicadísimo problema de examinar casuísticamente la naturaleza jurídica de cada contrato celebrado por la Administración al no existir una regulación ordenada y sistemática.

No obstante lo anterior, el Estado español licitó durante un periodo de 30 años (hasta la aprobación de la Ley 13/1995, de 18 de mayo, de Contratos de las Administraciones Públicas) la mayor parte de las infraestructuras actualmente existentes a través del contrato administrativo por antonomasia, el contrato administrativo de obras[53]. El procedimiento de contratación, en ocasiones lento y poco flexible, encajaba perfectamente en la lógica de una Administración burocratizada limitada en cuanto a sus habilidades, pero efectiva en cuanto a la realización de tareas repetitivas y fácilmente ejecutables. De esta forma, la construcción de grandes infraestructuras por parte de la Administración española durante la década de 1960 se convirtió en una labor sencilla, aunque fuertemente reglamentada.

III.- HACIA LA RACIONALIZACIÓN ECONÓMICA DE LAS ADMINISTARCIONES PÚBLICAS.

a)   El *New Public Management*:

Cuando el Estado se plantea la necesidad de prestar cada vez más servicios y que éstos sean a su vez más complejos, empieza a hacer aguas la premisa

---

[52] PARADA VÁZQUEZ, R. (1965)
[53] Previsto en los artículos 20 y siguientes de la Ley de Contratos del Estado de 1965.

de la uniformidad de las rutinas. El principal problema radica, entonces, en que el modelo existente es muy poco eficiente para prestar tales servicios. El modelo burocrático o weberiano era muy útil para dominar a la población administrada, pero resultaba ser inadecuado para prestar servicios a unos ciudadanos cada vez más exigentes.

En los años 70s, el Estado del Bienestar[54], con un amplio compromiso de prestar servicios personales, se enfrenta a una fuerte crisis económica que obliga a la contención del gasto público, es decir, a primar la eficiencia sobre todo lo demás. El modelo burocrático queda, pues, en entredicho por carecer precisamente de lo que se demanda en ese momento, esto es, la gestión eficiente de unos recursos públicos cada vez más escasos. Es en este punto de la historia de la Administración donde nace lo que ha venido a denominarse *"New Public Management"* o Nueva Gestión Pública[55].

No hay una definición exacta en torno al término "Nueva Gestión Pública", aunque es posible determinar algunas características comunes a todos estos procesos de transformación organizacional, como por ejemplo: desagregación de las entidades públicas en unidades independientes o agencias; introducción de competencia dentro del propio sector público y entre

---

[54] El concepto Estado del bienestar se utiliza para denominar una aproximación o propuesta política o modelo general del Estado u organización social, usualmente entendida como una según la cual el Estado provee ciertos servicios o garantías sociales a la totalidad de los habitantes de un país. Más que un concepto especifico, se considera que el término es una categoría práctica para designar ya sea un conjunto de propuestas o una propuesta general acerca de cómo el estado debe o puede proceder. Para profundizar más en este concepto se puede acudir, entre otros a NAVARRO, V. (2002) o BLANCHARD, O. (2004).

[55] Para un análisis más exahustivo del término acudir a THOMPSON, F. (1997) o GRUENING, G. (2001).

sectores público y privado, utilización, dentro de la Administración Pública, de mecanismos de gestión privados; búsqueda de fórmulas que permitan un uso más eficiente y eficaz de los recursos públicos; elaboración explícita de normas de medición de la actividad y de los resultados; control activo de las entidades públicas a través de la asignación clara de responsabilidades y mayor énfasis en el control de los *outputs*.

Estos factores tienen mayor o menor relevancia dependiendo del ámbito en el que nos encontremos pero, en definitiva, subyace una idea de cambio del papel de la Administración Pública pasando ésta de ejecutar directamente sus políticas públicas a guiar su realización; de amparar estructuras rígidas, a promover procesos competitivos que fomenten la innovación y la flexibilidad; de pagar en función del coste de bienes y servicios producidos, a establecer mecanismos que vinculen los recursos públicos al nivel de calidad del servicio proporcionado o del activo disponible y, de prestar servicios estándar, descansando en manos públicas la provisión de los mismos, a fomentar estructuras adaptables en las que sus cometidos sean variables.

Parafraseando a Blair: "esta corriente supone que lo que hace un Gobierno y cómo lo hace debe ser la clave de su rol en la sociedad moderna"[56]. Osborne y Gaebler[57] acuñaron la expresión "reinvención del gobierno" para calificar la reforma que supone el abandono, por parte de la Administración, de su papel tradicional y la penetración del espíritu empresarial en el sector público. La clave era, pues, incorporar las técnicas de gestión del sector privado, aprovechando sus puntos fuertes para lograr mejoras en la eficiencia

---

[56] BLAIR, T. (1998).
[57] OSBORNE, D. y GAEBLER, T. (1992).

y ahorros en la esfera de lo público, dejando al Estado la tarea de dirigir y controlar la fusión entre el interés social y el interés económico maximizando así el bienestar de la sociedad.

Junto a estas transformaciones, en España como en otros países de nuestro entorno europeo, fue muy relevante la influencia de la Unión Económica y Monetaria, a través de los criterios de convergencia de Maastricht[58], el Pacto de Estabilidad y Crecimiento[59] y la Ley General de Estabilidad Presupuestaria de 2001[60]. El proceso de integración económica afectó de forma decisiva a la financiación y gestión de infraestructuras y servicios públicos. La disciplina de la UEM implicaba establecer límites al déficit y al endeudamiento de los Estados Miembros, con lo que se restringieron las fuentes de financiación tradicionales de los proyectos de equipamientos públicos. Para conciliar estas restricciones presupuestarias con la dinámica de cambio organizativo de las Administraciones Públicas en

---

[58] Los criterios de convergencia, o los criterios de Maastricht, eran los requisitos que debían cumplir los Estados pertenecientes a la Unión Europea para ser admitidos dentro de la Eurozona y, consecuentemente, para participar en el Eurosistema. Los criterios venían establecidos en el artículo 121 del Tratado de la Comunidad Europea. En total eran cuatro criterios: inflación no superior a 1% de la media de los 3 países con menor inflación, deuda pública no superior al 60% del PIB, déficit público no superior al 3% del PIB y tipo de interés a largo plazo no superior al 2% de la media de los tres países con menor inflación.

[59] El Pacto de Estabilidad y Crecimiento es un acuerdo de los Estados Miembros de la Unión Europea en relación con su política fiscal, cuyo objetivo básico es facilitar y mantener la Unión Económica y Monetaria de la misma. El Pacto consiste en una supervisión fiscal de los países miembros y un régimen sancionador por el incumplimiento de las condiciones de éste. Fue adoptado en 1997 para asegurarse después de la entrada del euro la continuación de la misma disciplina fiscal que se había establecido entre los países candidatos con los criterios de convergencia.

[60] Ley 18/2001, de 12 de diciembre, General de Estabilidad Presupuestaria, actualmente derogada por el Real Decreto Legislativo 2/2007, de 28 de diciembre, por el que se aprueba su Texto Refundido.

la búsqueda de eficiencia, se impulsaron nuevas fórmulas jurídico-contractuales que fomentaban las relaciones entre sector público y sector privado en beneficio de la colectividad.

b)   El Texto Refundido de la Ley de Contratos de las Administraciones Públicas:

Con un escenario económico tan encorsetado, las Administraciones Públicas se vieron obligadas, habida cuenta de que las demandas en materia de infraestructuras crecían al calor de las expectativas de la integración española en la Unión Europea, a inventar nuevas fórmulas jurídico-contractuales que permitieran afrontar con suficientes garantías unas inversiones públicas cada vez más importantes en un momento en el que precisamente se buscaba, al menos de cara al ingreso en la UEM, la contención de gasto.

La solución vino dada, cómo no, por la legislación en materia de contratación administrativa. El instrumento jurídico que permitió alcanzar el objetivo antes expuesto, esto es, construir infraestructuras sin que dicho gasto computase, al menos durante algún tiempo, a efectos de endeudamiento en las cuentas de las Administraciones Públicas, fue la construcción de obras mediante la modalidad de abono total del precio[61], conocida también como "modelo alemán" o de "llave en mano". Su origen concreto se sitúa en 1996, concretamente en el artículo 147.1 de la Ley 13/1996, de 30 de diciembre, de Medidas Fiscales, Administrativas y de Orden Social que lo definía como: "...aquel en el que el precio del contrato será satisfecho por la Administración mediante un pago único en el momento de la terminación de la obra, obligándose el contratista a financiar la construcción adelantando las

---

[61] CAÑAS FUENTES, M. (1999).

cantidades necesarias hasta que se produzca la recepción de la obra terminada".

Esta previsión de la Ley 13/1996 dio cabida a la excepción prevista por el artículo 14.2 de la conocida Ley 13/1995, de 18 de mayo, de Contratos de las Administraciones Públicas, según el cual se prohibía el pago aplazado del precio en los contratos, excepto en los supuestos en que el sistema de pago se establezca mediante la modalidad de arrendamiento financiero o mediante el sistema de arrendamiento con opción de compra y en los casos que una Ley lo autorizase expresamente.

No obstante, a nivel presupuestario todavía quedaba un escollo que derribar, el artículo 61.2 del Real Decreto Legislativo 1091/1988, de 23 de septiembre, por el que se aprobaba el Texto Refundido de la Ley General Presupuestaria, según el cual podían adquirirse compromisos de gastos que hubieran de extenderse a ejercicios posteriores a aquel en que se autorizasen, siempre que su ejecución se iniciara en el propio ejercicio[62], cuestión que se solventó con la nueva redacción que sobre el citado artículo operó la Ley 11/1996, de 27 de diciembre, de Medidas de Disciplina Presupuestaria. Después de dicha modificación, podían adquirirse compromisos de gastos que hubieran de extenderse a ejercicios posteriores a aquel en que se autorizasen "siempre que se tratase de

---

[62] El citado apartado 2 continuaba: "...y que, además, se encuentre en alguno de los casos que a continuación se enumeran:
    a)   Inversiones y transferencias de capital.
    b)   Contratos de suministro, de asistencia técnica y científica y de arrendamiento de equipos que no puedan ser estipulados o resulten antieconómicos por plazo de un año.
    c)   Arrendamientos de bienes inmuebles a utilizar por Organismos del Estado, y
    d)   Cargas financieras de las Deudas del Estado y de sus Organismos Autónomos.

contratos de obra (...) que no puedan ser estipulados o resulten antieconómicos por plazo de un año".

De este modo, nos encontramos que hasta el año 2000 se licitaron en torno a los 1.8 billones de pesetas bajo la modalidad de abono total del precio, esto es, 12.000 millones de euros aproximadamente soportados íntegramente por el sector privado para que el Estado español ingresara con las cuentas saneadas en la UEM[63].

IV.- EL IMPACTO DE LOS INTERESES PRIVADOS EN LA FORMA DE HACER DE LAS ADMINISTRACIONES PÚBLICAS.

a)   La Gobernanza:

A finales de siglo XX la Sociedad del Conocimiento y las nuevas tecnologías en la era de la globalización generan una nueva concepción de la acción del gobierno que combina las dos dinámicas anteriores, Administración Pública burocratizada y Nueva Gestión Pública, cristalizando en lo que ha venido a denominarse "Gobernanza"[64].

Hemos visto que las formas deseables de gobierno y administración de las ciudades, como las de los Estados, evolucionaron a mediados de los años setenta desde el modelo de burocracia weberiana, con estrictas normas jerárquicas basadas en un riguroso principio de legalidad, al modelo generencialista, donde primaban los resultados y se guiaban por criterios de racionalidad económica y de eficiencia. En la actualidad, las nuevas formas de gobierno no significan anulación sino

---

[63] Datos proporcionados por la Revista de Obras Públicas, julio-agosto, año 2000, nº 3.400
[64] NATERA, A. (2004).

superación en positivo de las anteriores en todos aquellos ámbitos en que la burocracia o el gerencialismo resultaban inapropiados. Dichos ámbitos incluyen, desde luego, todas las actuaciones públicas relacionadas con los temas más complejos de nuestro tiempo. La legitimidad del actuar público se fundamenta en la calidad de la interacción entre distintos niveles de gobierno y, entre estos, y las organizaciones empresariales y la sociedad civil.

En este contexto, la Tercera Vía, término que transciende la concepción política tradicional de izquierdas y derechas, se configura en una etiqueta válida para representar la filosofía subyacente en los nuevos métodos que fomentan la cooperación entre operadores privados y entidades públicas, soslayando los estereotipos que convencionalmente han calificado a ambos sectores. Una definición de este concepto podría ser la dada por Lapsley: "… rechazar la confianza en el mercado como solución a los problemas del sector público. Rechazar la creación de burocracias a gran escala. En su lugar, la Tercera Vía busca promover la colaboración entre los sectores público y privado poniendo énfasis en la calidad del servicio, pero teniendo en cuenta los costes"[65].

La implementación práctica de los contenidos de la Tercera Vía ha dado lugar a la aparición de nuevos vínculos entre Administración Pública e iniciativa privada que se han denominado Asociaciones Público-Privadas o *Public-Private Partnerships*. Este tipo de relaciones comparten una filosofía en la que cada agente, público y privado, participa en los proyectos llevando a cabo aquellas tareas para las cuales cada uno cuenta con una ventaja comparativa. La lógica de esta transformación radica en permitir que ambos sectores, público y privado, se concentren en hacer

---

[65] LAPSLEY, I. (1998).

aquello para lo que están mejor preparados, de forma que no se limiten sus capacidades, para lograr así resultados óptimos.

Aunque éste es un movimiento que se observa a nivel general, como pionero de la corriente de creación de nuevas fórmulas de financiación y gestión de infraestructuras y servicios públicos encontramos al Reino Unido, en quien se han fijado distintos países para desarrollar esta nueva dimensión en la remodelación del sector público a través de colaboraciones público-privadas. Bajo el término *Private Finance Initiative* (PFI) –Iniciativa de Financiación Privada–, se aglutinan las directrices que se han adoptado desde principios de los años 90s en este país, buscando la cooperación entre los sectores público y privado, para desarrollar infraestructuras públicas y los servicios inherentes a las mismas.

b)   La Ley de Contratos del Sector Público:

En el ámbito de la contratación pública europea, este tipo de relaciones de carácter asociativo han encontrado un referente fundamental en el Libro Verde sobre la colaboración público-privada y el Derecho Comunitario en materia de contratación pública y concesiones[66], no obstante en nuestro país, la aparición del denominado contrato de colaboración entre el sector público y el sector privado es consecuencia de la voluntad del Gobierno español manifestada a través de la Resolución de 1 de abril de 2005, de la Subsecretaría del Ministerio de la Presidencia, por la que se dispone la publicación del Acuerdo del Consejo de Ministros, de 25 de febrero de 2005, por el que se adoptan mandatos para poner en marcha medidas de impulso a la productividad, cuyo mandato nº 44 establece concretamente: "El Ministerio de Economía y Hacienda

---

[66] COM (2004) 327, de 30 de abril de 2004.

incorporará en el anteproyecto de Ley de Contratos del Sector Público por el que se transpondrá la Directiva 2004/18/CE, además de las normas necesarias para la completa y correcta transposición de la directiva al derecho interno, una regulación de los contratos de colaboración entre el sector público y el privado..."[67].

Así las cosas, y a pesar de que no existe en el ordenamiento jurídico comunitario una definición precisa del CPP que vincule a los Estados Miembros en cuanto a su regulación, nuestra Ley de Contratos del Sector Público ya establece desde 2007 las características esenciales del mismo, configurándolo, de nuevo, como en contrato con vocación de futuro, como verdadero motor de las próximas contrataciones a llevar a cabo por las Administraciones Públicas, todo ello si tenemos en cuenta por un lado, el contexto de crisis económica en el que nos encontramos y, por el otro, el principal punto fuerte del citado CPP.

En este sentido, hemos de ser conscientes de que la gran ventaja de los CPPs es la de soslayar las restricciones financiero-presupuestarias de las Administraciones Públicas contratantes. Es decir, que las operaciones derivadas de las CPPs queden fuera del balance contable de estas Administraciones.

Ciertamente, el mantenimiento de los déficits públicos dentro de los umbrales del 3% del PIB, tal y como establece el Pacto de Estabilidad y Crecimiento anteriormente citado ha venido a suponer un problema para la realización de grandes inversiones en materia de infraestructuras por parte de la mayoría de las Administraciones de la UE. En este sentido, el Comité de Estadísticas Monetarias, Financieras y de Balanza de Pagos junto con el propio Eurostat dispusieron en 2004

---

[67] Para un análisis en detalle de los orígenes del CPP español se puede acudir a COLÓN DE CARVAJAL FIBLA. B (2009)

un nuevo cuerpo de normas para regular el concreto tratamiento contable de los CPP[68]. En esta línea, Eurostat recogió de forma expresa estas nuevas directrices relativas a los CPP en su Manual SEC 95 sobre el déficit público y la deuda pública[69]. Así pues, según éste, los activos que se construyan en el marco de un CPP se contabilizarán fuera del sector de las Administraciones Públicas siempre que el socio privado soporte, en todo caso, el riesgo de construcción y, adicionalmente, al menos el riesgo de disponibilidad o el riesgo de demanda; entendidos tales riesgos como:

1.- Riesgo de construcción: Retrasos en la entrega de la infraestructura pública a construir, incumplimiento de los criterios establecidos en el contrato, costes adicionales que puedan surgir durante la ejecución del contrato, deficiencias técnicas y efectos externos negativos.

2.- Riesgo de disponibilidad: La no entrega del volumen convenido en el contrato, el incumplimiento de la normativa en materia de seguridad y el incumplimiento de los estándares de calidad fijados contractualmente.

3.- Riesgo de demanda: Variabilidad de la demanda con independencia del comportamiento del socio privado.

En todo caso, una justificación de la elección de una fórmula de CPP únicamente basada en esta postura, es decir, el encubrimiento del endeudamiento contable de la Administración promotora, puede ser problemática desde dos perspectivas: en primer lugar, porque el tratamiento presupuestario y financiero de dicha Administración requiere un enfoque global y de

---

[68] Nota de prensa conjunta del Comité de Estadísticas Monetarias, Financieras y de Balanza de Pagos (CMFB) y de Eurostat (STAT/04/18), febrero de 2004.
[69] ESA95 (2004).

fondo y, segundo, porque para que los activos de las CPPs no se consideren como públicos, en palabras del Manual SEC 95: "debe quedar debidamente acreditado que se transmite al socio privado la mayor parte del riesgo del contrato", lo cual no es, en la práctica, nada fácil.

Finalmente, para ver el interés que suscita este tipo de sinergia público-privada, diremos que en diciembre de 2004, el Ministerio de Fomento presentaba un ambicioso proyecto de transportes e infraestructuras para el período 2005 – 2020, denominado Plan Estratégico de Infraestructuras y Transporte (PEIT), que prevé una inversión total de 214.000 millones de euros para los próximos 15 años. Se calcula que en dicho plan el sector privado participe en la financiación de infraestructuras públicas a través de las diferentes fórmulas de CPPs en casi el 20% de la inversión total.

Asimismo, hemos podido observar cómo el Ministerio de Fomento, el Instituto de Crédito Oficial (ICO), el Banco Europeo de Inversiones (BEI), la Asociación Española de Banca (AEB) y la Confederación Española de Cajas de Ahorros (CECA) han firmado los acuerdos que establecen las bases para acceder a la financiación de los proyectos del Plan Extraordinario de Infraestructuras para el bienio 2010-2011[70]. Este plan, que está previsto que movilice 17.000 millones de euros, es la apuesta conjunta del Gobierno, las entidades financieras y las empresas del sector para reactivar la economía y el empleo a través de la inversión en infraestructuras del transporte, y abre la puerta a nuevas fórmulas mixtas de financiación público-privada.

---

[70] Concretamente el documento de compromiso se rubricó el pasado jueves 29 de abril de 2010.

Conforme al convenio suscrito, el ICO participará hasta en un 30% en la inversión del plan. Por su parte, el Banco Europeo de Inversiones asignará, dentro del acuerdo marco vigente con Fomento, 2.100 millones de euros para financiación. Por último, los convenios firmados con la Asociación Española de la Banca y la Confederación Española de Cajas de Ahorro establecen un marco de colaboración de las entidades financieras y las cajas confederadas para facilitar la financiación de manera conjunta o complementaria al resto de organismos participantes.

V.- CONCLUSIONES.

En el Estado liberal, momento en que surge el Derecho Administrativo, la Administración Pública responde a lo que se conoce como Administración burocrática, es decir, a una organización basada en un conjunto de funciones formales establecidas mediante reglas legales y racionales de acuerdo con una estructura jerárquica. Durante esta época se considera que surge la Administración pública española contemporánea.

Con la crisis del modelo anterior, la Administración Pública incorpora a su forma de gestión técnicas del sector privado, lo que supone abrir un debate en torno al papel del Derecho Administrativo en la actuación de los poderes públicos. Como consecuencia a esta evolución lógica en el devenir de las Administraciones Públicas surgen nuevas técnicas para gobernar los Estados y, en general, la sociedad. En particular, la gobernanza propone un modelo de Administración Pública en red que lidere un cambio de mentalidad hacia una gestión de base asociativa y plural donde los agentes, tanto públicos como privados, interactúen en función de sus respectivos intereses.

En el ámbito de la contratación administrativa, los cambios producidos no son ajenos a la evolución de las Administraciones Públicas, sino todo lo contrario. Con el tiempo, se ha demostrado que la forma en que las Administraciones han ejecutado obras o han prestado servicios responde de forma clara a las necesidades de un modelo concreto de organización y de gestión. Así, cuando la Administración se ha caracterizado por funcionar de forma rígida y jerarquizada, las normas que regulaban la contratación administrativa eran poco flexibles y muy regladas. Cuando las técnicas del sector privado, abanderadas del principio de eficacia en la gestión de las organizaciones, se abrían paso en la idiosincrasia de las Administraciones Públicas, los procedimientos de contratación se volvían más ágiles y, fundamentalmente, más eficientes en cuanto a la gestión de los recursos públicos. Finalmente, cuando las redes sociales surgen como tercer sector en el gobierno de los Estados, la contratación administrativa se convierte en uno de los exponentes más claros y representativos jurídicamente hablando del talante colaborador de las Administraciones Públicas a través del CPP.

En este sentido, y habida cuenta de la enorme relación que existe entre la evolución de las Administraciones Públicas y la contratación administrativa, solo podemos esperar que, en un futuro, cuando la Administración vuelva a dar un paso decisivo en su transformación hacia un modelo de organización perfecta, la contratación, como ejemplo de la legislación motorizada característica de los ordenamientos jurídicos contemporáneos, esté a la altura de las circunstancias, o viceversa.

Esta necesaria modernización se ha de dar en un contexto político de debate en torno al papel que debe desempeñar el Estado y el sector público en nuestras democracias, por ello la modernización administrativa, mas allá de nuevos estilos de dirección o novedosos diseños organizativos y formas de contratar, implica perfilar un nuevo rol del Estado en la sociedad, así como unas nuevas relaciones con la ciudadanía[71].

---

[71] Esta opinión es compartida, entre otros autores, por SANZ. A, (2006).

BIBLIOGRAFÍA

- BLAIR, T. (1998): La Tercera Vía, *El País Aguilar*, Madrid.

- BLANCHARD, O. (2004): The Economic Future of Europe, *NBER Economic Papers*.

- CAÑAS FUENTES, M. (1999): Análisis de la gestión de las Administraciones Públicas en la construcción de infraestructuras mediante el régimen de contrato de obra bajo la modalidad de abono total del precio, Tésis Doctoral, E.T.S.I.C.C.P., Universidad Politécnica de Madrid.

- COLÓN DE CARVAJAL FIBLA, B. (2010): Los orígenes remotos del contrato de colaboración entre el sector público y el sector privado: desde la Ley General de Obras Públicas de 1877 hasta la Ley de Contratos del Estado de 1965, Artículos Doctrinales, *Noticias Jurídicas*.

- COMISIÓN EUROPEA (2004): Libro Verde sobre la colaboración público-privada y el Derecho Comunitario en materia de contratación pública y concesiones.

- ESA95 Manual on Government Debt and Deficit (2004): *Long term contracts between government units and non-government partners (Public-Private).*

- FERNÁNDEZ RODRÍGUEZ, T. R.: Apuntes de Derecho administrativo I, Tomo VI, Cátedra de GARCÍA DE ENTERRÍA, Madrid, Curso 1972-73, pp. 12 y 13.

- GRUENING, G. (2001): Origin and theoretical basis of New Public Management, *International Public Management Journal*, vol. 4, pp.1-25.

- LAPSLEY, I. (1998): *Re-engineering the UK Public Sector: Privatisation policies and Practices*, Privatización de Empresas y Descentralización de Servicios Públicos, *Asociación Española de Contabilidad y Administración de Empresas*, Madrid, pp. 59-80.

- NATERA, A. (2004): La noción de Gobernanza como gestión pública participativa y reticular, *Universidad Carlos III*, Documento de trabajo 2/2004, Madrid.

- NAVARRO, V. (2002): Bienestar insuficiente, democracia incompleta. Sobre lo que no se habla en nuestro país, *Anagrama*, Barcelona.

- OSBORNE, D., y GAEBLER, T. (1992*): Reinventing Government. How the Entrepreneurial Spirit is Transforming the Public Sector, Reading Mass, Addison-Wesley.*

- PARADA VÁZQUEZ, R. (1965): La nueva Ley de Contratos del Estado, *Revista de Administraciones Públicas*, núm. 47, p. 425.

- SANZ. A. (2006): Manual de Ciencia Política, T*ecnos*, Madrid.

- THOMPSON, F. (2007): *Defining the New Public Management, Advances in Comparative International Management.*

- VILLAR PALASÍ, J. L. (1969): Lecciones sobre Contratación administrativa, Facultad de Derecho, *Universidad Complutense*, Madrid, p. 21.

- WEBER, M. (1944): Economía y sociedad, vol. I, Fondo de Cultura Económica.

CAPÍTULO 3: EL CONTRATO DE COLABORACIÓN ENTRE EL SECTOR PÚBLICO Y EL SECTOR PRIVADO DESDE UNA PERSPECTIVA EMOCIONAL.

I.- INTRODUCCIÓN.

Cuando se aprobó la Ley 30/2007, de 30 de octubre, de Contratos de Sector Público, algunos de los que trabajamos diariamente en la materia creímos ver que se abría una puerta a la esperanza que definitivamente sentara las bases de una contratación administrativa moderna propia de un Estado desarrollado como el nuestro[72].

Las principales novedades con que nos encontramos en la LCSP fueron, en términos generales, cinco, a saber: la ampliación del ámbito subjetivo de aplicación de la Ley, la identificación clara de las normas que derivaban directamente del derecho comunitario, la incorporación de las nuevas regulaciones sobre contratación que introducía la Directiva 2004/18/CE, la simplificación y mejora de la gestión contractual y, finalmente, la creación de un nuevo contrato administrativo típico, el contrato de colaboración entre el sector público y el sector privado o CPP.

Es precisamente esta última novedad, la aparición del CPP, la que suscitó en mí más esperanzas y a la vez más miedos. Las primeras estaban claras, por fin cristalizaba en el ordenamiento jurídico español una fórmula contractual de fuerte tradición comunitaria que permitiría con sus enormes posibilidades dar el salto definitivo hacia la ya citada modernización de la contratación administrativa española.

---

[72] Un análisis crítico de esta Ley se puede encontrar en COLÓN DE CARVAJAL FIBLA, B. (2009).

70

Los miedos, por otro lado, también estuvieron claros desde el principio. El CPP no ha tenido el éxito esperado, deseado, como contrato administrativo típico. A pesar de las virtudes que este contrato tiene, el efecto *Bandwagon* ha sido más fuerte que todo lo demás. El popularmente llamado 'comportamiento gregario' nos ha arrastrado como animales a seguir utilizando otros contratos típicos más tradicionales, y por qué no decirlo, también exitosos, hasta el punto de haber desterrado al flamante CPP a un plano puramente teórico en el que los investigadores del mismo estamos, a menos que cambien las cosas, condenados a deambular.

No será objeto de este trabajo enumerar las ventajas que el CPP tiene frente a los demás contratos nominados, sino demostrar que por culpa del efecto *Bandwagon* se está perdiendo una oportunidad magnífica para dar el giro esperado que la LCSP pretendió en su momento. El método será, pues, buscar en el enemigo las razones de su éxito, esto es, invertir la tendencia actual haciendo que la verdadera conducta gregaria de las Administraciones Públicas sea la utilización del CPP.

II.- EL IMPACTO DEL CPP EN LA NORMATIVA CONTRACTUAL ESPAÑOLA.

Independientemente del origen más o menos remoto de las diferentes fórmulas de base asociativa que pueden representar el germen del actual CPP, podemos decir que en España la aparición de dicho contrato no es consecuencia directa de la transposición de la Directiva 2004/18/CE del Parlamento Europeo y del Consejo, de 31 de marzo de 2004, sobre coordinación de los procedimientos de adjudicación de los contratos públicos de obras, de suministro y de servicios[73], aunque sí que lo es de la voluntad del Gobierno español manifestada a través de la Resolución de 1 de abril de 2005, de la Subsecretaría del Ministerio de la Presidencia, por la que se dispone la publicación del Acuerdo del Consejo de Ministros, de 25 de febrero de 2005, por el que se adoptan mandatos para poner en marcha medidas de impulso a la productividad.

Tampoco es objeto de este trabajo analizar exclusivamente el origen moderno de las diferentes fórmulas de colaboración público-privada, pero resulta en cualquier caso interesante observar cómo la implementación práctica de los contenidos de la Tercera Vía[74] en el Reino Unido dio lugar a la aparición de

---

[73] Esta Directiva ha sido modificada por la Directiva 2005/51/CE de la Comisión, de 7 de septiembre de 2005, por la Directiva 2005/75/CE del Parlamento Europeo y del Consejo, de 16 de noviembre de 2005 y por la Directiva 2006/97/CE del Consejo, de 20 de noviembre de 2006. Y, en particular, por el Reglamento (CE) nº 1422/2007 de la Comisión, de 4 de diciembre de 2007, por el que se modifican las Directivas 2004/17/CE y 2004/18/CE del Parlamento Europeo y del Consejo en lo que concierne a los umbrales de aplicación en los procedimientos de adjudicación de contratos; y por el Reglamento (CE) nº 213/2008 de la Comisión, de 28 de noviembre de 2007, que modifica el Reglamento (CE) nº 2195/2002 del Parlamento Europeo y del Consejo, por el que se aprueba el Vocabulario común de contratos públicos (CPV), y las Directivas 2004/17/CE y 2004/18/CE del Parlamento Europeo y del Consejo sobre los procedimientos de los contratos públicos, en lo referente a la revisión del CPV, que sustituye los cuadros de los Anexos I, IIA y 2B de la Directiva 2004/18 por el texto que figura en los Anexos V, VI y VII de dicho Reglamento.
[74] "Tercera Vía" es el nombre que se ha dado a una variedad de aproximaciones teóricas y propuestas políticas que, en general, sugieren un sistema de economía mixta y el centrismo o reformismo como ideología de gobierno. En la práctica política, estas posiciones rechazan la validez absoluta de las filosofías tanto del *laissez faire* como del mercado totalmente controlado del Marxismo-Leninismo; promueven la profundización de la democracia y enfatizan el desarrollo tecnológico, la educación y los mecanismos de competencia regulada a fin de obtener progreso, desarrollo económico, social y otros objetivos sociales. Las filosofías de la Tercera Vía han sido a menudo descritas como una síntesis del capitalismo y el socialismo por algunos de sus proponentes. Para

nuevos vínculos entre Administración Pública y la iniciativa privada que se denominaron *Public Private Partnerships* (PPPs) o Asociaciones Público-Privadas (APPs). Las relaciones de PPPs compartían una filosofía en la que cada agente, público y privado, participaba en los proyectos llevando a cabo aquellas tareas para las que cada uno contaba con una ventaja comparativa mayor. La lógica de esta transformación radicaba en permitir que ambos sectores se concentraran en hacer aquello para lo que estaban mejor preparados, de forma que no se limitaran sus capacidades, para lograr así los mejores resultados.

Siendo éste un movimiento que se observó a nivel mundial, no obstante, como pionero de la corriente de creación de nuevas fórmulas de financiación y gestión de infraestructuras y servicios públicos encontramos al Reino Unido, en quién se han fijado distintos países para desarrollar esta nueva dimensión en la remodelación del sector público a través de colaboraciones público-privadas. En este sentido, alrededor del término *Private Finance Initiative*[75] (PFI) – Iniciativa de Financiación Privada – se aglutinan las directrices que se han adoptado desde principios de los años 90s en este país, buscando la cooperación entre los sectores público y privado para desarrollar infraestructuras públicas y los servicios más complejos.

Por otro lado, y en cuanto a la definición del CPP se refiere, no existe en el ordenamiento jurídico comunitario una definición precisa del contrato de colaboración público-privada que vincule a los Estados Miembros en cuanto a su regulación, no habiendo

---

profundizar más en esta cuestión, la obra de referencia es GIDDENS (1999).

[75] Véase *Private Finance Panel* (1995) y *Treasury Private Finance Taskforce* (1997), ambos documentos han sido, en diferentes etapas, el medio a través del cual se han divulgado los principios fundamentales de la política PFI.

llegado, ni siquiera, a un consenso en lo que respecta a su verdadera denominación. No obstante, podemos apuntar dos definiciones que van a darnos una idea de la enorme flexibilidad del término. La primera, establecida por la propia Comisión Europea en el Libro Verde sobre la colaboración público-privada y el Derecho Comunitario en materia de contratación pública y concesiones al decir que: "La expresión «colaboración público-privada» carece de definición en el ámbito comunitario. En general, se refiere a las diferentes formas de cooperación entre las autoridades públicas y el mundo empresarial, cuyo objetivo es garantizar la financiación, construcción, renovación, gestión o el mantenimiento de una infraestructura o la prestación de un servicio"[76].

La segunda definición proviene del *Scottish Parliament*, referente internacional en materia de CPP[77], según el cual: "*Public Private Partnerships* (PPPs) son un medio de utilización de financiación y técnicas privadas para la ejecución de proyectos tradicionalmente realizados por el sector público. Estos incluyen proyectos intensivos en el uso de capital tales como colegios, hospitales, carreteras y equipamientos de agua. En lugar de que sea una entidad pública quien desarrolle activos fijos y posteriormente detente su propiedad, los gestione y regule, las PPPs generalmente implican que el sector privado sea su responsable y los gestione y la Administración Pública 'adquiera' el servicio al contratista durante un período de tiempo determinado"[78].

En relación con las principales características del CPP, diremos que éstas pueden ser muchas

---

[76] COM (2004) 327, de 30 de abril de 2004.
[77] Otras definiciones precisas del término CPP aportadas por la doctrina las encontramos, por ejemplo, en LOZANO Y MÁRQUEZ (2006) o JAVARA (2005).
[78] *The Scottish Parliament* (2001).

74

dependiendo del país en que nos encontremos, sin embargo, la Comisión Europea ha sabido sintetizar los rasgos característicos del citado contrato en cuatro, que son[79]:

1.- La duración relativamente larga de la relación, que implica la cooperación entre el socio público y el privado en diferentes aspectos del proyecto que se va a realizar.

2.- El modo de financiación del proyecto, en parte garantizado por el sector privado, en ocasiones a través de una compleja organización entre diversos participantes. No obstante, la financiación privada puede completarse con financiación pública, que puede llegar a ser muy elevada.

3.- El importante papel del operador económico, que participa en diferentes etapas del proyecto (diseño, realización, ejecución y financiación). El socio público se concentra esencialmente en definir los objetivos que han de alcanzarse en materia de interés público, calidad de los servicios propuestos y política de precios, al tiempo que garantiza el control del cumplimiento de dichos objetivos.

4.- El reparto de los riesgos entre el socio público y el privado, al que se le transfieren riesgos que habitualmente soporta el sector público. No obstante, las operaciones de CPP no implican necesariamente que el socio privado asuma todos los riesgos derivados de la operación, ni siquiera la mayor parte de ellos. El reparto preciso de los riesgos se realiza caso por caso, en función de las capacidades respectivas de las partes en cuestión para evaluarlos, controlarlos y gestionarlos.

---

[79] Punto 2 del Libro Verde, COM (2004) 327, de 30 de abril de 2004.

Por último, y antes de analizar los puntos fuertes del CPP frente a los demás contratos nominados, deberemos siquiera enumerar los principales elementos que lo configuran a la luz del art. 11 de la LCSP. Según este artículo, son contratos CPPs aquellos en que una Administración Pública encarga a una entidad de derecho privado, por un período determinado en función de la duración de la amortización de las inversiones o de las fórmulas de financiación que se prevean, la realización de una actuación global e integrada que, además de la financiación de inversiones inmateriales, de obras o de suministros necesarios para el cumplimiento de determinados objetivos de servicio público o relacionados con actuaciones de interés general, comprenda la construcción, instalación o transformación de obras, equipos, sistemas, y productos o bienes complejos, así como su mantenimiento, actualización o renovación, su explotación o su gestión; la gestión integral del mantenimiento de instalaciones complejas; la fabricación de bienes y la prestación de servicios que incorporen tecnología específicamente desarrollada con el propósito de aportar soluciones más avanzadas y económicamente más ventajosas que las existentes en el mercado; así como otras prestaciones de servicios ligadas al desarrollo por la Administración del servicio público o actuación de interés general que le haya sido encomendado[80].

---

[80] El citado art. 11 continúa:

"2. Sólo podrán celebrarse contratos de colaboración entre el sector público y el sector privado cuando previamente se haya puesto de manifiesto, en la forma prevista en el artículo 118, que otras fórmulas alternativas de contratación no permiten la satisfacción de las finalidades públicas.

3. El contratista colaborador de la Administración puede asumir, en los términos previstos en el contrato, la dirección de las obras que sean necesarias, así como realizar, total o parcialmente, los proyectos para su ejecución y contratar los servicios precisos.

4. La contraprestación a percibir por el contratista colaborador consistirá en un precio que se satisfará durante toda la duración del

III.- VENTAJAS DEL CPP FRENTE A LOS DEMÁS CONTRATOS ADMINISTRATIVOS TÍPICOS.

Existen razones de peso para pensar que el CPP es la fórmula económico-administrativa-contractual más adecuada para alcanzar los fines de las Administraciones Públicas, sobre todo después de comprobar las enormes dificultades que tienen éstas en llevar a cabo la construcción de grandes infraestructuras y la prestación de servicios complejos.

En primer lugar, la utilización del CPP va a suponer un reparto óptimo de los riesgos del contrato. En este sentido es preciso entender que en la colaboración público-privada el sector público suele asumir la responsabilidad de garantizar las infraestructuras adecuadas y la prestación de cierto tipo de servicios, así como la cooperación activa con el sector privado encargado de realizar un proyecto determinado y que, por otro lado, el sector privado asume la responsabilidad de obtener fondos para financiar la realización de un proyecto determinado, garantizar los recursos tecnológicos, ejecutar las tareas encaminadas a realizar los objetivos del sector público y, una vez que se ha acabado o se ha modernizado el proyecto, garantiza su explotación a cambio de una remuneración por la prestación de servicios públicos. Por lo que, en definitiva, el principal objetivo de la colaboración público-privada va a ser configurar las relaciones entre ambos sectores de tal manera que cada parte asuma aquellos riesgos del proyecto que mejor pueda controlar.

De este modo, la Administración, a través de las diferentes fórmulas de CPP, aprovechará el *know-how* del sector privado tanto en la utilización de tecnología

---

contrato, y que podrá estar vinculado al cumplimiento de determinados objetivos de rendimiento."

avanzada como en la captación eficiente de fuentes de financiación, reservándose ésta para sí las cuestiones estrictamente de policía y control de las infraestructuras o servicios prestados.

La segunda gran ventaja del CPP en relación con los otros contratos administrativos típicos es que el objetivo principal en cualquier experiencia de utilización de CPPs es ofrecer un mayor *value for money* (VFM), es decir, debe proporcionar una mejora significativa respecto a los mecanismos públicos tradicionales de provisión y prestación de infraestructuras y servicios. La expresión puede definirse como el uso eficaz de fondos públicos en un proyecto de capital a partir de la combinación óptima de costes, calidad, eficiencia y eficacia. VFM es un concepto que debe entenderse como una filosofía de gestión que busca obtener el uso más eficiente de los recursos económicos, especialmente públicos. En otras palabras, podemos entender el VFM como la mejor relación precio-calidad, es decir, el servicio prestado por el sector privado presentará mejor calidad con la misma cantidad de dinero que el sector público gastaría para llevar a cabo un proyecto similar.

Sin embargo, es imposible determinar si un contrato de colaboración público-privado ofrece la mejor relación calidad-precio o VFM sin un mecanismo de comparación entre las diferentes alternativas. En este sentido, la técnica denominada *Public Sector Comparator*[81] (PSC) permite la evaluación hipotética de todos los costes susceptibles de aparecer durante la vida del contrato, ajustada por la valoración de los riesgos. Así pues, el PSC permite una comparación cuantitativa de alternativas teniendo en cuenta la forma más eficiente de prestar el *output* deseado por el sector

---

[81] Para un mejor análisis de esta técnica acudir a Partnerships Victoria (2001).

público, los costes y riesgos del proyecto y el coste neto que le supone a la Administración la prestación del servicio comparado con las ofertas realizadas por los operadores privados.

Finalmente, y teniendo cuenta el enorme potencial que representan los CPP para superar las restricciones presupuestarias en un periodo de crisis como el que actualmente estamos viviendo, no es ilógico pensar que desde la propia Comisión Europea se apunten algunas de sus fortalezas de cara a que los Estados Miembros definitivamente se decidan a apostar por esta fórmula asociativa para implementar sus políticas públicas en materia de grandes infraestructuras y de servicios complejos[82]. Algunos de esos puntos fuertes de los CPP señalados por la Comisión Europea para resaltar su eficacia en la gestión de proyectos se pueden resumir dos:

1.   Los CPP reparten el coste de financiación de la infraestructura a lo largo de toda la vida útil del activo, lo que reduce las presiones inmediatas sobre los presupuestos del sector público y permiten adelantar varios años la finalización de los proyectos de infraestructuras y los beneficios que conllevan.

2.   Los CPP consiguen un mayor rendimiento económico de las infraestructuras, aprovechando la eficiencia y el potencial innovador de un sector privado competitivo para reducir los costes o conseguir mejores índices calidad/precio[83].

---

[82] Concretamente, a través de la Comunicación de la Comisión Europea de fecha 19 de noviembre de 2009.

[83] Los resultados de un estudio mundial sobre el impacto de la participación del sector privado en la distribución de agua y electricidad, elaborado en mayo de 2009 y denominado *"Does Private Sector Participation Improve Performance in Electricity and Water Distribution?"*, demuestran que el sector privado cumple las expectativas de mayor productividad laboral y eficiencia operacional si interviene en los proyectos de la mano del sector público a través

IV.- EL EFECTO *BANDWAGON* COMO PRINCIPAL ENEMIGO DEL CPP.

El término *bandwagon* es un anglicismo que hace referencia al carro que lleva una banda en un desfile, circo u otro espectáculo. La frase "Salta en el *bandwagon*" fue usada por primera vez en la política americana en 1848 por Dan Rice, bufón personal de Abraham Lincoln. Dan Rice, un payaso profesional de circo, usó su *bandwagon* para las apariciones de la campaña de Zachary Tailor para ganar atención al usar música. Conforme la campaña de Taylor se hizo más exitosa, más políticos se esforzaron por conseguir un asiento en el *bandwagon*, en espera de asociarse con el éxito. Más tarde, en 1900, durante la época de la campaña presidencial de William Jennings Bryan, los *bandwagon* se habían convertido en el estándar en las campañas, y "subirse al carro" fue usado como un término desviado que implicaba que la gente se asociaba a sí misma con el éxito sin considerar lo que asociaban a sí mismos con él[84].

Así pues, el denominado "efecto *Bandwagon*", también conocido como el "efecto de arrastre", "efecto de la moda" o de "subirse al carro" y relacionado cercanamente al oportunismo, es la observación de que a menudo las personas hacen y creen ciertas cosas fundándose en el hecho de que muchas otras personas hacen y creen en esas mismas cosas. El efecto es peyorativamente llamado comportamiento gregario, en virtud del cual las personas tienden a seguir a la multitud sin examinar los méritos de una cosa en

---

de las diferentes fórmulas que el CPP prevé. El informe está disponible en: http://www.ppiaf.org/content/view/480/485/.

[84] Para analizar la importancia del efecto *Bandwagon* en la política, consultar GOIDEL AND TODD (1994) y MCALLISTER AND DONLEY (1991).

particular. Asimismo, dicho comportamiento es la razón del éxito del *argumentum ad populum*[85].

El efecto *Bandwagon* está bien documentado en psicología conductual y tiene muchas aplicaciones. La regla general es que las conductas o creencias se propagan entre la gente, como claramente sucede con las modas, con "la probabilidad de que los individuos que la adopten incremente con la proporción de quienes ya lo han hecho"[86]. Mientras más gente llegue a creer en algo, otros también se subirán al carro sin importar la evidencia subyacente.

Habida cuenta de las anteriores consideraciones, y después de haber analizado al menos tres importantes ventajas del CPP frente a los demás contratos tradicionales, ¿qué razones nos empujan, en último término, a no decantar la balanza a favor de este contrato, haciendo una apuesta decidida por lo nuevo y diferente? En mi opinión, la respuesta está clara, la culpa es del efecto *Bandwagon*.

Si el CPP supone un mejor reparto de los riesgos del contrato, proporciona una mejora significativa respecto a los mecanismos públicos tradicionales de

---

[85] Un argumento *ad populum* o *argumentum ad populum*, es una falacia lógica que implica responder a un argumento o a una afirmación refiriéndose a la supuesta opinión que de ello tiene la gente en general, en lugar de al argumento por sí mismo. Un argumento *ad populum* (y por tanto, falaz) tiene esta estructura: A afirma B; Se dice que la mayoría de la gente dice B, por tanto, B es cierto. *Ad populum* es una falacia lógica también conocida como sofisma populista debido a que suele usarse en discursos más o menos populistas. Es de uso habitual en los argumentos de las discusiones cotidianas. También se utiliza algo en política y en los medios de comunicación aunque no es tan poderosa como el *argumentum ad hominem*. Suele adquirir mayor firmeza cuando va acompañada de un sondeo o encuesta que respalda la afirmación falaz. A pesar de todo, es bastante sutil y para oídos poco acostumbrados puede pasar inadvertida.
[86] COLMAN (2003).

provisión y prestación de infraestructuras y servicios y, además, contiene el gasto público en tiempos de crisis, ¿qué está pasando?, ¿por qué las Administraciones Públicas no estamos reaccionando de forma lógica? Quizá no deberíamos utilizarlo hasta saber empíricamente que funciona, pero ni si quiera lo estamos intentando. Decididamente, el CPP "no está de moda".

No estamos aquí, sin embargo, para encontrar culpables a la falta de éxito de un contrato que, a pesar de ser aparentemente ventajoso, también tiene sus puntos débiles, sino para todo lo contrario, descubrir cuáles han sido las claves del éxito de los demás contratos típicos que están dejando en la sombra al CPP. Esto es, hacer que la conducta verdaderamente gregaria sea la de utilizar los CPP. Y me temo que la respuesta no está en la serotonina.

El 30 de enero de 2009 se publicó en la prestigiosa Revista *Science* un artículo de M. Ainstey y sus colaboradores[87] que trataba de un animal realmente curioso, la langosta del desierto o *Schistocerca gregaria*. Durante la mayor parte del tiempo, este insecto de color grisáceo vive una existencia solitaria en regiones desérticas, volando fundamentalmente de noche y evitando a sus congéneres. Sin embargo, cuando una temporada excepcionalmente lluviosa hace aumentar la población de langostas, su conducta cambia de repente y entra en fase gregaria. Los insectos adquieren una tonalidad amarilla brillante y van en grupos que pueden llegar a los mil millones de individuos. Estas nubes de langosta pueden migrar miles de kilómetros y devastar regiones enteras. Se sabe que este cambio de conducta es muy complejo y que hay unos 500 genes implicados. Lo que han descubierto los investigadores es que el cambio en

---

[87] MICHAEL, STEPHEN, SWIDBERT, MALCOLM AND STEPHEN (2009).

la concentración de un neurotransmisor basta para transformar un solitario saltamontes en una plaga de proporciones bíblicas. Y ese neurotransmisor es la serotonina[88].

Lo más impresionante del descubrimiento es que la misma molécula que regula el comportamiento gregario en este insecto es también una de las piezas clave en la modulación de la conducta social de animales superiores, incluidos los humanos. Esto nos dice que las bases químicas y neurológicas de la conducta son enormemente antiguas y que los mismos elementos han sido "reclutados" por el proceso evolutivo para resolver problemas distintos pero relacionados, como la conducta social de las langostas y la nuestra.

Así pues, y desechando la posibilidad de estimular de forma natural la serotonina de todos los órganos de contratación, mejor será encontrar el estímulo jurídico o económico que nos empuje a utilizar de forma gregaria, cual langostas, el CPP. A mi modo de ver, son dos las razones que están detrás del éxito duradero de los contratos de obras, suministros y servicios, representantes legítimos de los contratos típicos por antonomasia. En primer lugar y, principalmente, que desde sus orígenes se han configurado a través de procedimientos administrativos sencillos y, en segundo lugar, que se han sustentado sobre procedimientos administrativos jurídicamente seguros.

---

[88] La Serotonina (5-hidroxitriptamina, o 5-HT), es una monoamina neurotransmisora sintetizada en las neuronas serotoninérgicas en el Sistema Nervioso Central (SNC) y las células enterocromafines (células de *Kulchitsky*) en el tracto gastrointestinal de los animales y del ser humano. La serotonina también se encuentra en varias setas y plantas, incluyendo frutas y vegetales. Para saber más acerca de la serotonina véase, por ejemplo, BAUMEL (1999) o HART (1996).

Respecto a la primera de las razones, bien es cierto que puede señalarse que la principal reticencia tanto de los operadores económicos como de los poderes adjudicadores en relación con el CPP radica precisamente en la complejidad de su tramitación, adjudicados en la mayoría de los casos a través del procedimiento del diálogo competitivo[89]. En este sentido, es ilustrativa la redacción del art. 164 de la LCSP, supuestos de aplicación de dicho procedimiento, puesto que solo se permite acudir al mismo en caso de "contratos singularmente complejos", razón de más para entender los reparos que, en un principio, puedan suscitarse a la hora de utilizar el diálogo competitivo para adjudicar un CPP. Así pues, según el art. 164, dicho procedimiento podrá utilizarse en el caso de contratos particularmente complejos, cuando el órgano de contratación considere que el uso del procedimiento abierto o el del restringido no permite una adecuada adjudicación del contrato, considerándose que un contrato es particularmente complejo cuando el órgano de contratación no se encuentre objetivamente capacitado para definir los medios técnicos aptos para satisfacer sus necesidades u objetivos, o para determinar la cobertura jurídica o financiera de un proyecto.

La segunda razón a favor de los contratos típicos antes apuntada, su seguridad jurídica intrínseca, se enfrenta a la necesidad de introducir en el procedimiento de contratación administrativa requerimientos de carácter tecnológico que permitan la implantación de sistemas de comunicaciones y para el intercambio y almacenamiento de información que puedan garantizar de forma razonable, según el estado

---

[89] Según el art. 164.3 de la LCSP: "Los contratos de colaboración entre el sector público y el sector privado se adjudicarán a través del diálogo competitivo, sin perjuicio de que pueda seguirse el procedimiento negociado con publicidad en el caso previsto en el artículo 154.a)."

de la técnica, la integridad de los datos transmitidos y que sólo los órganos competentes, en la fecha señalada para ello, puedan tener acceso a los mismos, o que en caso de quebrantamiento de esta prohibición de acceso, la violación pueda detectarse con claridad.

Así pues, y para convertir tanto al diálogo competitivo como a la utilización de las Tecnologías de la Información y la Comunicación (TICs) en potentes argumentos a favor del CPP deberíamos, primero, entender que el citado procedimiento no es más que una fórmula a caballo entre el procedimiento restringido y el negociado, pero con la particularidad de que los operadores económicos tienen mayor peso en la negociación o, mejor dicho, en el diálogo y, segundo, comprender cómo la utilización de los medios electrónicos, informáticos o telemáticos en el procedimiento de contratación, lejos de reportar inseguridad jurídica al mismo, permiten reducir costes de transacción a los licitadores y agilizar su tramitación administrativa[90].

V.- CONCLUSIONES.

La contratación administrativa española "moderna" surge con la Ley de Contratos del Estado, texto articulado aprobado por Decreto 923/1965, de 8

---

[90] Mayor seguridad jurídica que la que aporta en el procedimiento administrativo la Firma Electrónica Reconocida será difícil de alcanzar. En este sentido, véase la Disposición Adicional Decimonovena, según la cual: "f) Todos los actos y manifestaciones de voluntad de los órganos administrativos o de las empresas licitadoras o contratistas que tengan efectos jurídicos y se emitan tanto en la fase preparatoria como en las fases de licitación, adjudicación y ejecución del contrato deben ser autenticados mediante una firma electrónica reconocida de acuerdo con la Ley 59/2003, de 19 de diciembre, de Firma Electrónica. Los medios electrónicos, informáticos o telemáticos empleados deben poder garantizar que la firma se ajusta a las disposiciones de esta norma."

de abril, siendo las Leyes posteriores (Ley 13/1995, de 18 de de mayo, de Contratos de las Administraciones Públicas y el Real Decreto Legislativo 2/2000, de 16 de junio, por el que se aprueba el texto refundido de la Ley de Contratos de las Administraciones Públicas) todavía tributarias de aquélla.

Casi 50 años después de la Ley de Contratos del Estado se aprueba la LCSP cuya principal novedad ha sido, en mi opinión, la creación del contrato de colaboración entre el sector público y el sector privado o CPP. El reto fundamental de dicha Ley debería ser, aun sin saberlo, hacer que este nuevo contrato rompa con la hegemonía de los contratos tradicionales a través de dos herramientas nuevas.

En primer lugar, mediante la utilización del diálogo competitivo como procedimiento de adjudicación de naturaleza mixta y de raíz colaborativa y, en segundo lugar, la implantación de las TICs (subasta electrónica, a la firma electrónica reconocida o al *time stamping*) como mecanismos que permitan abaratar todos los costes derivados del procedimiento contractual.

Hemos venido utilizando durante tanto tiempo y de forma sistemática los clásicos contratos administrativos (obras, suministros y servicios) que ahora nos dan la posibilidad de salir de la jaula y no sabemos volar. No nos damos cuenta de que precisamente la verdadera conducta gregaria sería "subirse al carro" del CPP que es lo que en la actualidad "está de moda" en Europa. La Gobernanza, como puesta en práctica de estilos de gobernar en los que se han difuminado los límites entre lo público y lo privado[91], está en la base de todos aquéllos movimientos que intentan aprovechar las ventajas

---

[91] NATERA (2004).

86

comparativas de lo público y lo privado, como hace en esencia el CPP.

En definitiva, pues, conviene romper una lanza a favor del CPP y apostar por su utilización. No somos pocos los que creemos que dicho contrato representa las características esenciales de una contratación moderna basada en los principios de racionalidad económica-financiera, gestión electrónica de los procedimientos y participación privada en las decisiones públicas.

BIBLIOGRAFÍA

* CAROL HART (1996): Secrets of Serotonin, Ed. *St. Martin's Press*.

* COLMAN, A. (2003): Oxford Dictionary of Psychology. Oxford: *Oxford University Press.*

* COLÓN DE CARVAJAL, B. (2009): Mucho ruido y pocas nueces: otra oportunidad perdida por la Ley de Contratos del Sector Público, *El Consultor de los Ayuntamientos y de los Juzgados*, núm. 9, pp. 1302-1310,

* CONCHA, M. (2005): La participación público-privada en la ejecución de las infraestructuras. *Reflexiones sobre el contrato de concesión de obra pública*, 52.

* GIDDENS, A. (1999): La Tercera Vía, Madrid, *Taurus*.

* GOIDEL, ROBERT K., AND TODD G. SHIELDS. (1994): The Vanishing Marginals, the Bandwagon, and the Mass Media. *The Journal of Politics*, 56, 802-810.

* JUAN, A. M. Y RODRÍGUEZ, J. (2006): La Colaboración Público-Privada en la financiación de las infraestructuras o servicios públicos. Una aproximación desde los principios jurídico-financieros. Madrid. *IEF*, Colección Estudios Jurídicos.

* MCALLISTER, IAN, AND DONLEY T. STUDLAR (1991): *Bandwagon, Underdog, or Projection? Opinion Polls and Electoral Choice in Britain*, 1979-1987. *The Journal of Politics,* 53, 720-740.

- MICHAEL L. ANSTEY, STEPHEN M. ROGERS, SWIDBERT R. OTT, MALCOLM BURROWS, AND STEPHEN J. SIMPSON (2009): Serotonin Mediates Behavioral Gregarization Underlying Swarm Formation in Desert Locusts. *Science*, Vol. 323. no. 5914, 627 – 630.

- NATERA, A. (2004): La noción de Gobernanza como gestión pública participativa y reticular, *Universidad Carlos III*, Documento de trabajo 2/2004.

- PARTNERSHIPS VICTORIA (2001). The Secretary Department of Treasury and Finance. *Public Sector Comparator*, Technical Note.

- SYD BAUMEL (1999): *Serotonin*, Oxford, McGraw-Hill Professional.

- PRIVATE FINANCE PANEL (1995): *Private opportunity, Public benefit: Progressing the Private Finance Initiative*, London, HM Stationery Office.

- THE SCOTTISH PARLIAMENT (2001): Public Private Partnerships and the Private Finance Initiative: A review of recent Literature, *Research Note for the Finance Committee*.

- TREASURY PRIVATE FINANCE TASKFORCE (1997): *Partnerships for Prosperity*, HM Stationery Office.